ちくま文庫

星の王子さま、禅を語る

重松宗育

筑摩書房

目次

星の王子さま、禅を語る

本文章扉　南伸坊

まえがき

「星の王子さまが禅を語る」などと聞けば、「そんな馬鹿な！」と思われるかも知れません。事実、私がこんな書名の本を書いていると言っても、まともに相づちを打ってくれる人も、いい着眼点だと励ましてくれる人もいませんでした。でも、決して奇をてらったつもりはなく、『星の王子さま』を読んでいると、本当に、私はあちこちに禅の心を感じるのです。著者のサン＝テグジュペリが禅という言葉を使って説法しているわけではないし、そもそも禅の知識をもっていたかどうか分かりません。それでもなお、この作品が、自ずから禅の心を物語っていることだけは、間違いないと私は思うのです。

幼いころ、私は、お寺に生まれたことが、嫌で嫌でたまりませんでした。大きくなったら坊さんにならなければならないことが、本当に苦痛でした。しかし、今はまったく違います。私は、禅寺に縁あったことを深く感謝していますし、禅僧であることを誇りに思っています。これまでに出会った様々な思想や宗教の中で、私にとって、共感できる点が最も多いのは禅だと思えるからです。

と言っても、禅がすべてとは決して思いませんし、思えません。禅にも好きになれないところがいくつかあります。禅だけが真実で、その他の宗教はみんなまちがいだなどとは決して思いません。すぐれた宗教は、それぞれ敬意に値するものをもっていると考えています。バイブルも読みます。宗教ばかりでなく、学問もまた大切なものだと信じています。

生意気な言い方をお許しいただければ、私が禅僧になったのは、こう生きたいという自分の願いと禅の生き方とが一致したからです。真実の生き方を、実に明快に、ズバリ示してくれる禅に私は強くひかれるのです。私は大学に籍をおいて生計をたてており、学問の大切さは十分に認識していますが、正直に言うと、それだけではやはり満足できない。人間には、もっと大切な、学問では得られない「肝心かなめ」のものがあると思うのです。それを、禅は直指《じきし》しています。だから、私にとって禅が自分の大事な人生をゆだねるに値するものだ、と信ずるのです。

禅の特徴は、三つの現代語で言えば、「アイデンティティ」、「エコロジー」、「ライフスタイル」でしょう。欧米では、過去三十年ほどの間に、禅が知識人や若者たちの関心の的になりました。そして今やただの知的関心の時代は過ぎ、実際に黙々と坐禅を実践している人々が多くなりました。現代文明の中で失われがちな自己のアイデンティティを求めて、熱心に坐禅に取り組む人々が少なくありません。また、エコロジー運動とのつながりで、禅に取り組む者も大勢います。みんな、現代文明に振りまわされない、新しい自由なライフスタイルの確立を目ざし、禅に向かうのです。彼らの真摯な姿を見ていると、まったく頭が下がります。

それでは、現代の日本人は、欧米人以上にアイデンティティがしっかりしていて、禅など必要としないのでしょうか。また、日本の自然環境は、エコロジー運動など問題にならないほど、十分に保護されているのでしょうか。さらに、日本人は、物質文明、機械文明に振りまわされない、確固としたライフスタイルをもっているのでしょうか。それとも、日本人には、もともと宗教が必要ないのでしょうか。こうした点で、欧米の知識人や若者たちとは対照的に見える態度は、とても興味深く感じます。

これまで、私は、英訳を通して日本文化の海外への紹介に力を注いで来ました。『禅林句集《ぜんりんくしゅう》』と『禅林世語集《ぜんりんせごしゅう》』の英訳に、十数年もかけたのは、真剣に禅に取り組む欧米の友人たちの力になりたいという思いもあったからです。その一方で、何度日本にも禅を求める人々がいることを知りました。ＮＨＫのラジオ放送で、ここ数年、かアメリカ文学と禅の話をして、そんな手応えを感じたのです。また、ここ数年、毎月、『星の王子さま』をテキストに禅の話をしてきましたが、熱心に何かを求めて来られる皆さんを見ていると、海外ばかりではいけない、日本の人々にも、禅が人間形成に大いに役立った私の体験を伝えるべきだ、と思うようになりました。

真実は、何気ない、さり気ない、平易な、詩的な言葉の中にある、と私は信じます。禅を、難しい漢字ばかりの特殊な世界と決めつけるのは、まったくの偏見です。禅は日常生活そのもの、人間の営みの一瞬、一瞬、どこにでもあるからです。国境も、民族も超えて、世界中のどこにでもあります。私の専門であるアメリカ文学などは、まさに禅語の宝庫です。問題は、それを禅と気づくかどうかなのです。

だから、『星の王子さま』が禅を語ったとしても、別に不思議ではありません。「禅語」は本質的にシンボリックです。それゆえ、私たちの方から働きかけて、眼を見開き、読みとる他はありません。各章ごとに私が『星の王子さま』から拾い出した言葉は、いわば、新しい「禅語」です。

本来、禅は言葉で説くより後ろ姿で示すものです。禅は、「教外別伝《きょうげべつでん》」「不立文字《ふりゅうもんじ》」だからです。もしこの本に説教じみた部分があったら、それは、すべて著者自身への自戒の言葉に過ぎません。私の役目は、伝統におんぶする抹香臭い説教ではなく、私流に、身辺に転がる禅の心を指さすことなのです。それで、この本では、禅の専門用語は最小限にしました。もし禅は面白そうだと思われた方は、さらに一歩を進め、ぜひより高度な案内書や専門書を読むなり、禅寺の門を叩き、よき師を求めて下さい。

もしサン＝テグジュペリが生きていてこの本を読んだら、何と言うでしょうか。きっと、目を丸くすることでしょう。しかし、何しろ飛行士として「鳥の眼」をもつサン＝テグジュペリのことだから、もしかしたら、「そう、その通り」と言って声をかけてくれるかも知れない、などと夢想しつつ、読者の心に少しでもさわやかな安らぎの風を送り込めることを願っています。

最後に一言、サン＝テグジュペリの『ル・プティ・プランス』は、一九五三年、内藤濯《あろう》氏によって、『星の王子さま』と日本語訳され、広く愛読されてきました。ただ、題名以外は、すべて、私が英語版から日本語訳したものを使いました。英語の授業で何度も使ってきたなじみの深い英語版が、私の意図を伝える上で最もふさわしかったからです。

chapter ❶

不立文字《ふりゅうもんじ》

「肝心なことは、目には見えないんだよ」

「目では、何も見えないよ。心で探さないとね」

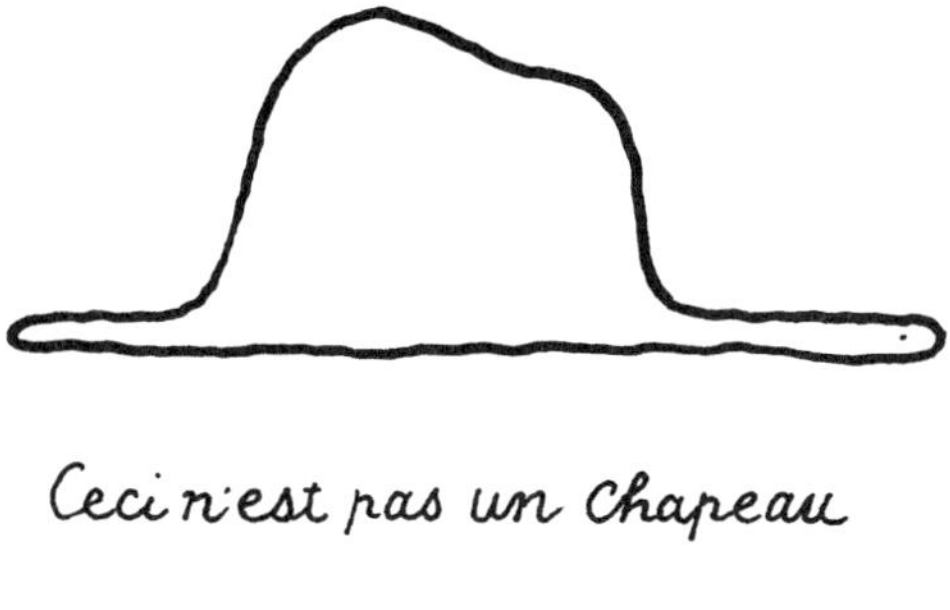
Ceci n'est pas un Chapeau

ずっと前から気になっていることがあります。「化粧台の鏡に向かっている女性は、一体、何を見ているのだろうか……」

髪を結う時に女の眼はすわり

日本髪でしょうか、鏡に向かって髪を結う時の女性の姿を表現した句です。この時ばかりは、まるで真剣勝負の武士のように、鏡に映った自分をしっかと見つめている、というのです。

実際、お化粧中の女性の顔は、ずいぶん真剣な表情をしています。時には殺気を感ずるほど、大きな口をあけて、口紅をつけ、金魚みたいにパクパクしたり、白粉を塗りつけたり、お化けのようなパックをしたり、何とも大変なことです。見ているのと面白いですが、やはりお化粧作業中の女性の顔は、武士の情けとして目をそらした方がよさそうです。

それはともかく、お化粧することの目的は美しく「化け粧う」ことだから、口にも、頬にも、目にも、髪の毛にも、つまり顔全体に注意を払っているのでしょう。時には、鼻の頭のニキビに注目しているのかも知れません。

『星の王子さま』にはバラの花が登場します。その花のつぼみが次第に開いてゆく様子を、化粧中の女性の姿にたとえて描いたものです。

でも花は、緑の部屋にとじこもっていて、いつまでも化粧をやめません。どんな色がいいかと、念入りに考えているのです。ゆっくりと、時間をかけて着物を着ているのです。花びらも、一枚ずつ整えているのです。ヒナゲシみたいな、しわくちゃな顔をして出てくるのが嫌なのです。まぶしいほどに美しい姿にならないと、顔を見られたくないのです。

より美しくありたいというのは、女性として全く自然な願いでしょう。そのことに何の異論もありません。大いに美しくなっていただきたい。美しく粧うことで自分も楽しくなり、また同時に、周囲の人々をも楽しくさせるのですから、まことに結構です。

ただ、もっと美しくありたいという素朴な願いが嵩じて、「外側だけをきれいに見せること」となったり、「うわべの飾り、虚飾、見栄」となって来ると、やはりそれは問題です。みかけやうわべにばかり気をとられていると、外側の目に見える世界だけがすべてになって、肝心な内側の目に見えない世界を忘れてしまうからです。

鏡にはものの表面が映りますが、決してそれだけではありません。そこには二つのものが映っている。目に見える自分の姿と、その姿の後ろにあって目には見えない自分の心との二つです。嬉しい時には嬉しい顔の表情の奥で、嬉しい心が踊っている。また、悲しい時には悲しい顔の奥で、悲しい心が涙を流している。ただし、心がそこに映っていても、「見る目」をもたない限り見えません。ただの目玉では見えません。目玉は外側に向いてついているので、あいにく外側のものしか見えない。心を見るには、心の眼、つまり「心眼《しんがん》」を使わないと見えないのです。

語り手の「ぼく」は、王子さまの身体を見つめながら、こう思いました。

いま、ここでぼくは、ほんの外側を見ているだけなんだ。いちばん大事なものは、目には見えないんだ。

そうです。残念なことに、ただの目玉では、「いちばん大事なもの」は見えないのです。

そして、鏡に映って見える姿も、存在の「ほんの外側」にすぎない。いわば貝殻の、殻の部分です。肝心の貝そのものは、殻の内側にあって、目には見えないのです。

だから、「化粧台を前にした女性が何を見ているのか」という私の疑問は、言いかえれば、「目に見える自分の姿を見つめるのか、それとも、その奥にある目には見えない自分の心を見つめるのか」ということになります。

こんな質問に対して、「私は、いつも自分の目を見ます」という女性がいたら、私は、身をのりだして、「なぜ？」と質問することでしょう。そして、

「私は、毎日、必ず一度は、自分の心を見つめることにしています。鏡を見るのはそのためなんです。目は口ほどに物を言い、などと言う通り、目は心の窓。自分の心の状態が、そこにはっきりと現われます。ですから、鏡は、私にとって、なくてはならないものなんです」

もしもこんな答えをする人に会えたら、私は、すっかり嬉しくなってしまうに違いありません。「この人だ！」と。ちょうど、お気に入りの羊の絵を描いても

らえた時の王子さまのように、きっと私の「顔がパッと明るくなる」ことでしょう。

『星の王子さま』で最も重要なテーマの一つは、「目に見えない世界」の大切さと言っていいでしょう。表面の現象的世界の奥にある、内面の本質的世界です。

語り手の「ぼく」は、六歳のとき、はじめて絵を描きました。象を呑みこんだ大蛇の絵です。しかし大人たちに見せると、誰もが、これは帽子の絵だと言う。大人は、ものの外側しか見ないので、気の毒ですが、肝心の内側は見えないのです。仕方なく、「ぼく」はもう一枚、絵を描きました。つまり、大蛇のお腹の中の様子を描いて見せたのです。こうすると、大人たちにも、どうやら絵の意味が分かったようでした。そんなことがあって、すっかり幻滅した「ぼく」は、その時から、絵を描くのを止めてしまいました。

ただ、最初の作品は手元において、ものの分かった人かどうか確かめる手段として使うことにしました。つまり、この人こそと思う人に出会うと、その絵を見せて、どんな返事が返ってくるか期待しましたが、みんな「そいつは帽子の絵だ」と答えるばかりでした。そこで、目では見えない世界のことは止めにして、仕方なく、大人たちのレベルに合った話に切りかえたのです。

そんな訳で、この語り手の「ぼく」は、本当に語りあえる友にめぐりあえずに、寂しい思いをしていました。ところが、六年前、サハラ砂漠で飛行機が故障してしまい、仕方なく、砂漠の砂の上で眠っていた時のことです。夜明けに不思議な人の声を聞いて、「ぼく」は目を覚ましました。見ると、目の前に王子さまが立っていて、羊の絵をかいてほしいと言うのです。あまり真剣に頼むので、仕方なく、例の、大人たちが帽子だという、大蛇が象を呑んだ絵をかきました。すると、王子さまは、「大蛇に呑みこまれた象の絵なんか、いやだよ」と言う。王子さまには、目に見えない象の姿がはっきり見えるのです。王子さまの目は、決して見かけには惑わされないのです。

そして、やはり羊の絵の方がいいと言うので、描いてみましたが、どれも王子さまの気に入らない。ついに面倒になって、箱だけ描いて王子さまに手渡しました。「こいつは箱だけど、君がほしい羊はこの中にいるよ」

すると、王子さまの顔が、パッと明るい表情を見せたのです。「本当は、ぼく、こんなのがずっと欲しかったんだ」

王子さまの目は、外側の箱を通りぬけて、中にいる羊を見通してしまうのです。禅の世界は、「不立文字《ふりゅうもんじ》」です。文字を立てない、文字に頼らない世界。肝心な事は文字では表現できないからです。それでも何かを伝えようとすれば、シンボリズムに頼るしかありません。

江戸時代の名僧、博多《はかた》の仙厓《せんがい》さんには面白い禅画があります。円い輪を描いて、その横に「これくふて茶のめ」と書いてある。戯れに、その一円相《いちえんそう》をまんじゅうに見立てたわけです。サン゠テグジュペリが仙厓さんの絵を見たかどうか分かりませんが、発想は同じです。ただ、円相はまんじゅうに形が似ていますから、ちょっとデフォルメしたまんじゅうです。

それはともかく、一円相は、禅僧の得意とするもので、掛軸などでよく見かけます。目には見えないけれど人間存在の奥底にあるもの、誰もが本来もっている「大円鏡智《だいえんきょうち》」、それを象徴的に描いたものです。それは、万物を映す「無限大の円

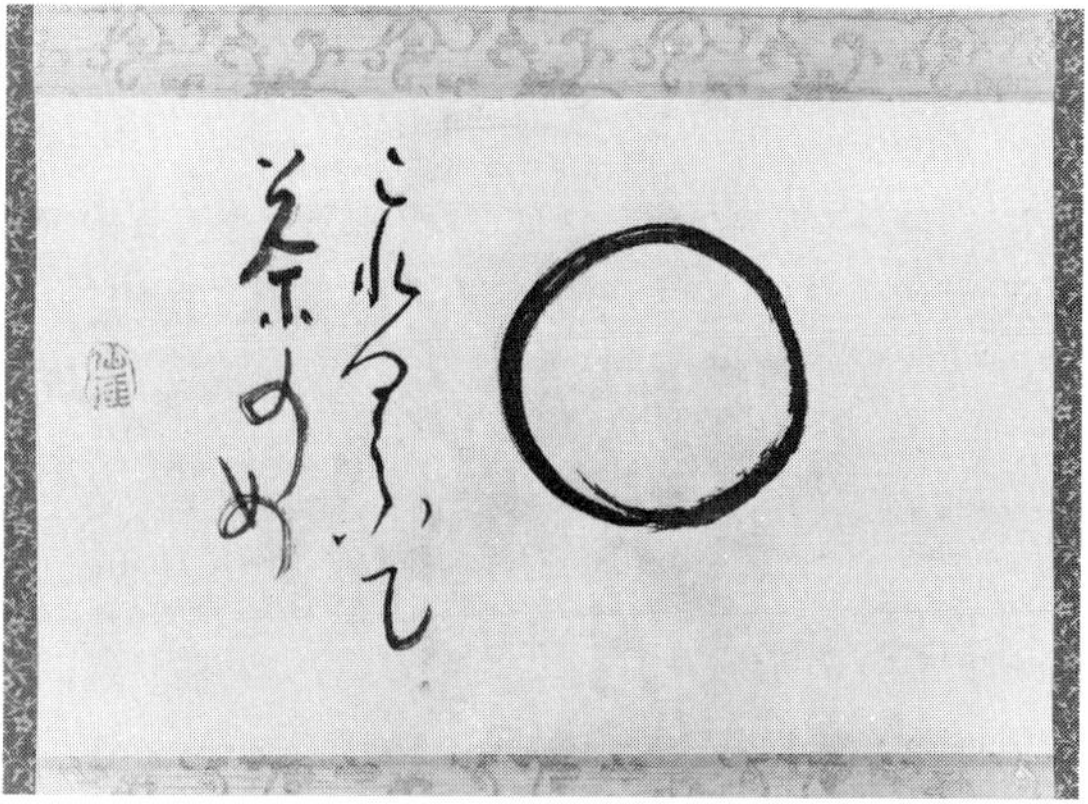

「一円相」（出光美術館蔵）

い鏡のような仏の智慧」で、言葉では説明できない。描くに描きようがない。だから、円を一つ描いてその心を表わすのです。

　しかし、この世には、目に見えないものがいっぱいある、などと言うと、そんな馬鹿な、という人がいる。目に映るものしか信じられない人です。本当にそうでしょうか。

　たとえば、空気はどうでしょう。目には見えないけれど、空気が存在していることは、誰でも知っています。私たちは、空気を吸うことによって生きている。もし空気がなくなったら、何分か後には、みんな死んでしまいます。空気ほど有難いものはありません。目に見えないものなど信じないと豪語する人、これからちょっと失礼して、あなたの鼻をつまみます。一分間、呼吸を止めて下さい。

（一分後）

どうでしょうか。目には見えないが、あたり一面に空気が存在していることを、嫌というほど感じたことでしょう。間違いなく、私たちは空気につつまれ、空気のお蔭で生きているのです。もっと言えば、もともと空気が存在している所へ、あとから人間が生まれて来たに過ぎない。とすると、空気が本質で、人間は現象にすぎません。

最近、子供むけの『じめんのうえとじめんのした』という本を読みました。一本の木があって、枝先にきれいな花をつけている。それを見れば、誰もがきれいだと言います。きれいな花の咲いたその枝は、幹につながっており、その幹は、地面の下へともぐりこんでいる。そこからは地面の下ですから、人間の目には見えない。が、そこでは根が四方八方へと伸び、網の目のようにつながりあって木全体を支えている。そして、大地にある様々な栄養物を吸い上げ、木全体の生命を守るという最も重要な役目を担っているのです。私たちは、つい表面的な花の美しさにばかり目を奪われて、そうした目に見えない根という存在を忘れがちです。「根本」、「根源」、「根拠」、こうした言葉は、目には見えない根の重要さを示しています。根こそ植物の源で、根っこがなかったら、ふつう植物は育たないし、花も咲きません。

こんな例をあげれば本当にきりがありませんが、心も、全く同じことです。目には見えないし、あまりに身近すぎて、つい省みることを忘れてしまうのです。目に見えず、人間存在の奥底にあって、時々刻々、働いている命そのもの。生きている人間の中核をなすもの。『星の王子さま』が問題にしているのは、正にその「命そのもの」だと思います。

禅の「不立文字」は、例えてみれば、ユーモアのようなものです。誰かが冗談を言ったとします。その場の人たちがどっと笑う。突然、そこへ学者が現われて、その冗談の面白さをくどくどと説明し始めたら、みんな白けてしまうことでしょう。その説明が見事であればあるほど、肝心の「そのもの」から離れてゆくからです。

私は英米文学を教えていますが、大学の講義で、学生諸君といっしょに文学作品を読んでいて、ちょっと説明を要するユーモアやウィットが出てきた時はまことにやっかいです。英語の笑い話はピンと来ないことが多くて、学生たちがキョトンとしている。私は教師ですから、何か説明をしなければなりません。自宅ではじめてその文章を読んだ時は吹き出してしまったのに、授業で何故それが面白いのかを説明するうちに、面白さなどどこかへすっとんで行ってしまう。言葉をつくして説明をすればするほど、肝心の面白さは消えて行く。あとに残ったのは、ユーモアという観念だけで、それはユーモアの「かす」のようなもので、肝心のユーモアそのものは影も形もない。ちょうど落語の解説を長々と聞いても少しも面白くないのと同じです。言葉とは、所詮、そんなものなのでしょう。

さて、次は、蜜柑《みかん》を例にとりましょう。目の前に二つの蜜柑があり、一方は、きれいでつるつるした皮のもの、他方は、しわくちゃで汚い模様のついたものとします。ふつうは食べるのが目的だから、見かけより中の味の方が問題です。それでは、中の味のよしあしをどのようにして決めたらいいか。王子さまのように、外側を通して内側を見抜くほどの洞察力があれば、まことに好都合なのですが……。それでも、この品定めにはちょっとしたコツがあります。

私は、静岡県清水市（現・静岡市清水区）の田舎の禅寺に住んでおります。田舎の小さな寺院の場合、住職が何らかの仕事をもち、それを主な収入源として寺院の維持経営にあたらざるを得ないのが現状です。私の寺の場合もその例にもれず、蜜柑づくりの収入によって維持されてきました。私の祖父母がそうでしたし、父母も蜜柑づくりの仕事によって寺を維持し、私と妹二人を育ててくれたわけです。しかし、私が学者になり、蜜柑づくりが成り立たない時代になって、私の代は、私が大学で教えて収入を得ることで何とかせざるを得ません。ただ、私自身は百姓仕事が好きなので、まことに残念です。何しろ蜜柑畑で仕事をしていると、実に様々なことが学べるのです。蜜柑の品定めもその一つ。

かつての静岡の蜜柑は、酸味が強いので、十一月、十二月に取り入れると、一つ一つを貯蔵用の箱につめて保存し、それを翌年の二月、三月まで貯蔵して、出荷するわけです。こうして貯蔵している間に、次第に酸味が薄れ、だんだん甘味が増してゆくのです。ただし、年を越して二月も過ぎると、皮がしわくちゃになったものと、いつまでもつやつやしたものとに大別できます。さて、どちらがおいしいでしょうか。

私だったら、しわくちゃの方を選びます。品種や条件によって違うことはあっても、味は、見かけと正反対のことが多いからです。外側の見かけのいいものは、たいてい中身の水気がぬけています。表面のつるつるした実を割ってみると、すきまだらけの空間に、しわくちゃになった、しぼりかすのような袋が並んでいる。反対に、外側がしわだらけで体裁のよくないものは、水気が残っていて甘味があり、おいしいことが多いのです。それに、皮に汚い模様があっても、味にはまず無関係です。消費者に迎合してワックスを塗った蜜柑も出回っていますが、どうも好きになれません。おいしい蜜柑を食べたいのだったら、外側の見せかけに惑わされないことです。

　こうした事実は、人間にとってどんな意味を持つのでしょうか。こんな植物の生理現象の面白さ、不思議さの例はいくらでもあります。しかし、こうした物理現象を、よく見て、大自然が人間にあてたメッセージと解釈すると、人生が豊かになります。ふだん自我の殻の中に閉じこめられた私たちの本来の心が、次第に解放されて来るからです。自然界の現象を、ただ科学的に突き放して見るのではなく、「人間的」に見るのです。目に見える自然現象を、すべて、目には見えない人間の心の表われと見る。蜜柑が人間に向かって「見かけにとらわれるなよ」と語りかけている言葉を聞きとるのです。山と語り合い、川と語り合い、星とも語り合う。そして、小鳥とも、野の花とも語り合うのです。私が農作業に魅力を感ずるのは、直接、自然と語り合えるからです。しかし、農作業だけでなく、何をやっていても、「人間的」に観照する眼をもてば、目に映るこの現象の世界を支える、目に見えない「心」を洞察することは出来ます。

　これまで、私は、目に見えない心の大切さを、強調しすぎたかも知れません。実際、心のことは、いくら強調しても足りませんから。ただ、私が本当に言いたいのは、目に見える部分と、目には見えない部分とが、調和し一体とならなければ本当ではないということです。目に見える部分だけ飾って、目に見えない部分が薄汚れている人は、とても尊敬できません。口先だけ、きれいごとを言っても、腹の中の黒い人もかないません。かといって、心がきれいならば、他人を不快にさせるような身なりをしてもいい、ということにもなりません。善意だけれど、押しつけがましい、というのも困ります。

結論はこうです。目に見えない部分が本当に充実していれば、目に見える部分にも、自ずから、それが表われてくるのが真実ではないでしょうか。ことさらに人目を気にしない、裏も表もない、自信のある生き方を表わした、良寛《りようかん》さんの辞世の句が、私はとても好きです。

裏をみせ表をみせて散る紅葉《もみじ》

誰でも、本当に内面が充実しているときは、裏も表も気にならないものです。

心の充実こそ、肝心かなめのことで、あとは二の次です。ことさらに、いい格好することもない。ことさらに、欠点をかくそうとすることもない。内面《うちづら》だの、外面《そとづら》だの、気を遣うこともない。他人《ひと》が何と言おうと、他人は他人、自分は自分です。ただ、ありのままに、裏を見せ、表を見せながら、ヒラヒラヒラヒラと舞い落ちる紅葉のようにさわやかに生きる。それこそ禅者のめざす無心の人生というものでしょう。

chapter ❷

直指《じきし》人心《にんしん》

「どんな大人だって、はじめは子供だった。
でも、それを覚えている大人は、ほとんどいない」

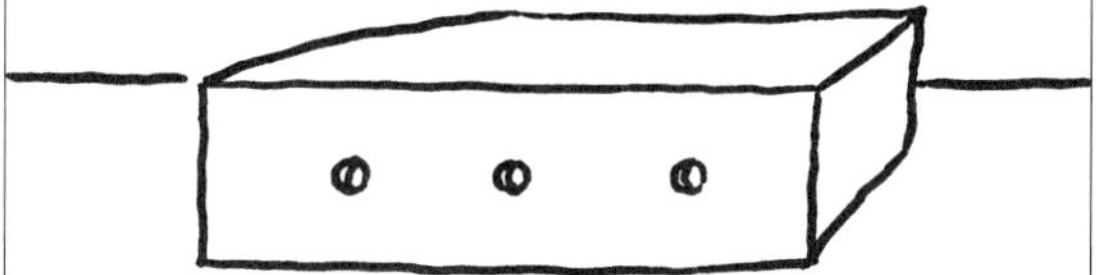

a sheep

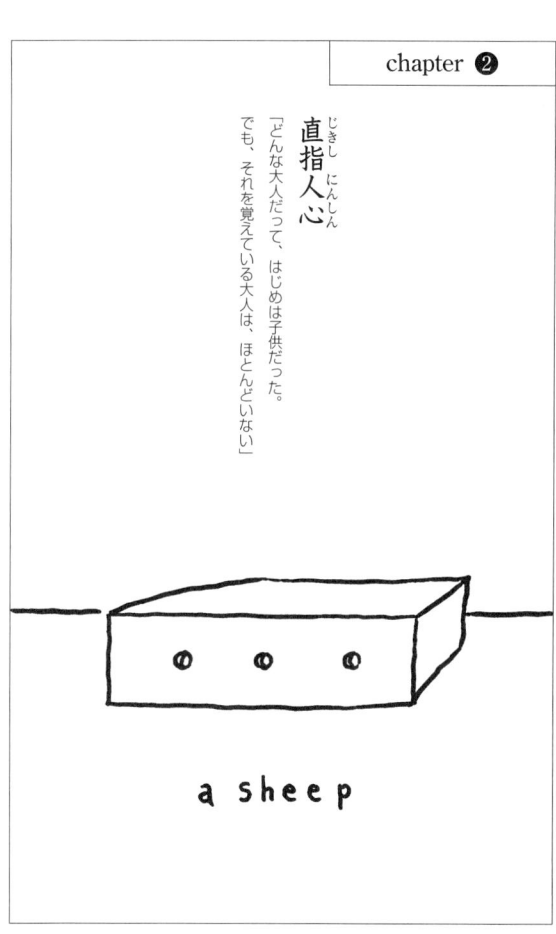

人間は、どうしてこうも自分勝手なものだろうかと、つくづくあきれてしまいます。子供の時には、親からあれこれ言われて、さんざん嫌な思いをしたくせに、自分が親になると、そんなことはすっかり忘れて、子供たちに小言ばかり並べる。自分があんなにも嫌で反発したことを、すっかり忘れて……。

残念ながら、人間は、いつも自分の年齢の立場でしか、ものを見ることが出来ないのでしょうか。子供の時には子供の立場でしか、大人になると大人の都合でしか考えられない。本当は、かつて誰もが子供だったのだから、大人にも子供の心が分かって当然です。それなのに、どうして理解できなくなってしまうのでしょうか。

こんな道歌《どうか》があります。

生まれ子の次第次第に知恵つきて仏に遠くなるぞ悲しき

仏教語として知恵は「智慧」と書くべきですが、ここでいう知恵とは、人間の分別《ふんべつ》、つまり知性によって分別する能力のことです。良いとか悪いとか、好きとか嫌いとか、美しいとか醜いとか、すべてのことを二分する分別知です。これは人間に与えられた貴重な能力で、現代の科学文明を発達させた原動力です。ただし、この分別知を、知性としてのすばらしい働きをさせるには、どうしても、自我の実態を直視する必要があります。

私たちの自我の営みには、常に自己中心性がつきまといます。いつも自分中心にものを見てしまう。それが私たちの姿です。他人が目の前に現われると、この自我が猛烈に働き始める。特に、いわゆる「我の強い」、勝気な人ほど、この人間の業《ごう》がむき出しになる。そんな人は、どんな時も相手に対して猛烈に自己主張を始めます。自分が、自分が、と、「自分我」が勝手に歩き出してしまう。「自分我」だけあって、「相手我」は目に入らない。まるで自分だけ感情をもっていて、相手には感情がないかのように。自分だけが可愛い。他人などどうでもいい。何でも自分の思い通りにしないと気がすまないといった具合です。

とは言え、心の片隅で知性と理性がささやきます。お前は何という自分勝手な人間だ、自分のことしか考えていないではないか。お前のしていることは道徳にもとる。もっと他人に対して思いやりをもつべきだ、と。私たちは、いつもこんなジレンマの中に置かれます。

それでは、思いやりとは何でしょうか。思いを遣《や》ってしまうこと。自分が、自分がという「自分我」を遠くにやって、自分自身が「無我《むが》」になることです。自我を離れ、本来の「無我」に戻ることです。知恵のつくまえの「生まれ子」に戻って、ものを見る。ありのままのものを、ありのままに見るのです。「知恵」が、自我の自己中心性の営みであるのに対し、この無我の境界《きょうがい》こそ「仏」の「智慧」に他なりません。

子供等と手毬つきつつ此の里に遊ぶ春日は暮れずともよし

ここには、良寛さんの「遊戯三昧《ゆげざんまい》」の境地があります。人間本来の童心に帰って、子供たちと手毬をついて、日の暮れるまで遊んだのです。ずばり「直指人心《じきしにんしん》」です。

本当を言えば、私たちの誰もが、もともと、この無我の童心の世界からやって来たのだし、仏の智慧をもっていたのです。もともと「無我」で「自由自在」だったのに、自分で自分の自我を持て余し、すっかり自我に振り回されてしまっているのは、どう考えてみても、まったく奇妙なことと言わざるを得ません。なまじ知恵がついたばっかりに、人間の原点を「覚えている大人は、ほとんどいない」のです。

『星の王子さま』に、こんな言葉が出て来ます。

大人というものは、数字が好きです。新しい友達ができたよと言っても、肝心なことは訊こうとはしません。「どんな声の子？　どんなゲームが好きなの？　ちょうちょを集めているかい？」といった質問はしません。そのかわり、「年はいくつ？　兄弟は何人いるの？　体重は何キロだい？　お父さんの月給はいくら？」と訊きます。こんな数字を知って、その子がどんな子か、何でも分かった気になるのです。

でも、命そのものが分かる人には、数字など、本当にどうでもいいのです。

こんな言葉を聞くと、数字偏重の社会風潮に違和感をもつ私などは、ついうれしくなってしまいます。

大学教師の仕事で私が一番苦手なのは、試験と採点です。学生を点数などで決めつけたくないし、カンニングを監視するのが嫌だからです。もちろん、教師の宿命ですから、やらざるを得ない時は諦めますが、ふつうは、レポートを課すことに決めています。

そんな数字不信の私を知らない学生たちの中には、拙宅に電話をしてくる時、「××番の〇〇ですが」と名のる者がいます。事務の便宜上つけられた学籍番号ですが、私の耳には、何か機械の部品の番号のようで、どうしても好きになれません。

現代は、不幸なことに、人間が数字というお化けに牛耳《ぎゅうじ》られた、哀れで、また滑稽な時代のようです。その典型的な例が、偏差値に振り回された学校教育でしょう。子供たちは、自分の夢や願いや意欲ではなく、偏差値によって進路を決められてしまう。偏差値が、子供たちの心を支配するのです。幼いころから、そんな数字に振り回されて育った子供たちが、果たして、どんな人間に育ってゆくのか。日頃から教育現場で若者たちに接する者として、どうしても悲観的にならざるを得ません。現代の子供たちは、大人のつくった社会の犠牲者という他はありません。

そもそも数字は、言葉と同じように抽象的なものです。「命そのもの」や「物そのもの」から、その特質を抜き出すことが「抽象する」ことだから、数字や言葉が抽象的なのは当り前です。そして、抽象の結果である数字が尊重されればされるほど、当然、人間社会は抽象的になります。マスコミを通じて、様々な「……についての」情報が、社会にあふれる。実際は、人間が数字や言葉に振りまわされているだけのことで、そんな知識をいくら集めても決して体験にはならない。おまけに、人間が、肝心かなめの「命そのもの」から離れてしまう。人間そのものが分裂して、人生についての観念（抽象）と、生きていること（命そのもの）とが、バラバラになってしまうのです。そうなると、生きている実感がもてなくなって、生き甲斐が感じられないという悩みをもつ人々が、どんどん増えてゆきます。

しかし、子供には、大切な「童心」が残っています。童心は、肝心かなめの「命そのもの」から離れません。ある子供が、先生に向かって、「ぼくは、なぜ、ここにいるんですか？」という質問をしていました。「七歳までは神のうち」と言いますが、本当に子供は天才です。人生最大の問題、「命そのもの」の問いを、いとも簡単に「直指《じきし》」してしまいます。ですから、本当は、子供こそ「大人《おとな》」と呼ぶべきかも知れません。というのは、仏教語で「大人《だいにん》」は、「大丈夫人《だいじょうぶにん》」、つまり仏様《ほとけさま》を指す言葉で、真実の自己に生きている人のことだからです。ふつう、度量のある大人物を「大人《たいじん》」と呼んでいますが、私たちの大部分は、ただ、子供たちより体が大きいという理由で、「大人《おとな》」と呼ばれるにすぎないようです。

王子さまとスイッチマンがこんな会話を交わします。スイッチマンは、線路を動かして列車の方向を変える仕事をする人。二人の目の前を特急列車が、右へ左へ、雷のような響きをたてて通り過ぎます。

「みんなすごく急いでいるね」と王子さまが言いました。「一体、何を探しているんだろう」

「そんなこと、あの機関手だって知らないよ」とスイッチマンが言いました。

「追いかけるものなんか、何ももってやしないよ」と、スイッチマンが言いました。「みんなあの中で眠っているのさ。眠ってなくても、あくびをしてるだけのことだよ。窓ガラスに、ぺちゃんこになるまで鼻を押しつけているのは、子供たちだけさ」

私も、もう何十回、飛行機に乗ったか分かりませんが、いまだに窓側の席をとって、よく窓の外を眺めます。まさに子供のように、「ぺちゃんこになるまで鼻を押しつけて」です。たいていの旅慣れた人は、新聞を読むか、居眠りをするか、「あくびをしてる」かだから、私など、初めて飛行機に乗った田舎者に見えることでしょう。それはともかく、私は、空から地球を眺めることが好きなのです。その理由は、第五章で述べることにしましょう。

それにしても、一体、私たち日本人は、いま何を追いかけているのでしょうか。世の中全体が、何かせかせか、慌ただしく動いているように見えます。活気があるというだけではない。何か妙です。どうやら、何かを追いかけているのではなく、何かに追いかけられているのではないでしょうか。

人生には、追いかけるに値するものがいくらでもあると私は思います。それぞれの立場や職業を通して、追いかける価値のあるものを、何か見つけられるはずです。お金もその一つかも知れません。一所懸命働いて、その努力にふさわしいお金が手に入れば、確かに嬉しい。お金がたまれば楽しい。また、誠実に努力してよりよい地位につくことも、一つの目標です。ただ、あいにくお金も地位も、所詮、手段にすぎないから、それを得たからといって、本当の意味での人生の目標、心の安心《あんじん》にはなりません。実際、金持ちほど意地きたないと言います。お金がたまるほど守銭奴《しゅせんど》となり、欲望の奴隷となって、追いかけていたはずのお金に追いかけられてしまうからでしょう。そんな手段にすぎないお金や地位に追いかけられて生きるとしたら、この短い人生を生きる意味は、一体何なのか。王子さまの言葉が続きます。

「自分が何を欲しいのか分かってるのは、子供たちだけなんだね」と、王子さまが言いました。「きれの人形と長いこと付きあって、それを大事な宝物にしてしまうんだもの……」

あるいは、「追いかける」という所に、一つの落し穴があるのかも知れません。もちろん、自分自身のことを知り、自分に最もふさわしい何かを見つけるためには、「追いかける」心の旅も、重要な必然的過程です。ただ、ともすると、肝心なものが、自分の外にあると錯覚する恐れがある。肝心の「いま、ここにいる自分自身」から心が離れてしまうことが問題なのです。

子供は、いま、ここに生きています。童心をもった子供は、目の前にある何でもないものを、みんなおもちゃに変えてしまう手品師です。平凡なものの中に、非凡なものを見てとる大哲学者です。だから、子供たちに、高価なおもちゃをわざわざ買ってやる必要はありません。子供は、「童心」という、何ともすばらしいおもちゃ製造機を、心の中に備えつけているからです。

本当に何にもいらない。ただ庭先に放っておけばいいのです。そうすれば、キョロキョロあたりを見回し、めざとく棒切れや、さびた釘や、石ころを見つけて、大事そうに集め始めます。そこらに転がっているゴミ屑《くず》を、一瞬にして宝物に変えてしまうのです。童心からすっかり遠くなった母親が、自分の価値観を押しつけようと、目をつり上げて「そんな汚いもの、すぐ捨てなさい！」と叫んでも、相手にしません。その横暴な母親に無理やり取り上げられるまで、しっかり握って離しません。何しろ、それは宝物なのですから。大人が、百万円の束を拾えば、しっかとつかんで離そうとしないのと同じです。

長男がまだ三歳の頃、バスに乗せてどこかへ連れて行った時のことです。車内のアナウンスが、「お降りの方は、運賃を運賃箱へお入れ下さい」と言うと、突然、けらけら笑い出したのです。「ウンチ、ウンチっていったよ」それからしばらくは、バスに乗ってアナウンスを聞くたびに、「ウンチ、ウンチ」と面白がっていました。子供たちはこんな調子で、いつ、どこにいても、人生を楽しいものにしてしまいます。

死の床にあった高杉晋作《たかすぎしんさく》が、

面白きこともなき世を面白く

と詠い出すと、看病していた野村東望尼が

住みなすものは心なりけり

と、あとをついだという逸話があります。ここには、人生の高みから見た童心があるように思えます。こうした意味で、子供たちこそ人生の達人なのかも知れません。

「煩悩即菩提《ぼんのうそくぼだい》」という言葉があります。人間の迷いである煩悩が、そのまま悟りだというのです。人間のもつ煩悩も、一つのエネルギーに違いありません。いわば、それは川の濁流です。煩悩の、逆巻き、渦巻く濁流も、ダムをつくり、発電所をつくって、そのマイナスのエネルギーをプラスに変えることが出来ます。煩悩の濁流が、菩提のエネルギーに変わる。ただ、そのためには、どうしても、そこに「童心」の働きがなければならない。この「童心」こそ、煩悩を菩提に変えてしまう「智慧」の働きだからです。ところが、大人の「知恵」がつくほど「智慧」から遠く離れてしまうのは、皮肉な話です。

私たちは、いつも不平を言いながら暮らしています。ここよりそこの方がいい。そこよりあっちの方がいい。これよりもそっちの方がいい。それよりもあれの方がいい。もっといい所、もっといい物を追い求めること自体は結構ですが、問題は、そうしている間に、肝心な「智慧」からますます遠ざかってしまうことです。人生に不平の種は限りありません。愚痴をこぼし、不平を言っている間にも、与えられた人生の時は確実に過ぎてゆくのです。

人と人とのあひだを
美しくみよう
わたしと人とのあひだをうつくしくみよう
疲れてはならない

八木重吉《やぎじゅうきち》の「ねがひ」という詩です。

どんな人にも長所と短所があります。性格のいい人は、そのどちらに注目するか、それは、見る人の心にかかっています。きっと長所の方に目を向けるに違いありません。もともと意地悪な性格の人は、ケチをつけようと、おそらく短所の方に目をつけるでしょう。そのどちらに注目するかによって、見る人の人格と人生観が、ズバリ問われている訳です。それまでどんな人生を送ってきたか、すぐ分かってしまう。恐ろしいことです。

人生を明るく生きようとするには、大変な努力がいります。さわやかに生きるには、どうしても、あの童心のもつ力が必要です。ともすると、他人の欠点ばかり、あげつらいたくなる。なげやりになる。つい疑ってしまう。それでもなお、「人と人とのあひだを／美しくみよう」と、自らに誓ったからには、「疲れてはならない」のです。

この八木重吉の詩をある人から教えてもらったのは、もう二十年以上も前のことで、長いこと、この詩を愛唱してきたわけです。これからも、何度となく自分自身に言い聞かせることでしょう。教えてくれたご本人も、もしかしたら私と同じように、今頃、どこかでつぶやいているかも知れません。「疲れてはならない」「疲れてはならない」

そう言えば、『星の王子さま』も、その時まで手に取ることはありませんでした。その後、私は、禅の修行や『禅林句集《ぜんりんくしゅう》』の翻訳を通して、ものの見方のひっくり返るようなことも、何度か体験してきました。が、いまだに『星の王子さま』を座右から離せないのは、私にとって、この本はよほど相性がいいからなのでしょう。

chapter ❸

脚下照顧《きゃっかしょうこ》

「君の探しているものなら、
たった一輪のバラの花にだって、
一滴の水にだってあるのになあ」

禅寺の玄関に入ると、「脚下照顧《きゃっかしょうこ》」とか「照顧脚下《しょうこきゃっか》」、また「看脚下《かんきゃっか》」などという文字が目に入ります。どれも同じ、まわりばかり見ていないで自分の足下をよく見よ、という意味です。

禅の最も重要なテーマは「己事《こじ》究明」――「自分は何者か」です。「私は誰か」でもいいし、「自己とは何か」と言ってもいい。いわゆる「自己のアイデンティティの探求」です。もう一歩進めて言うと、「本当の自分とは何か」であり、「本当の自分に出会いそれに気づくこと」なのです。ふだん、忙しさに振り回されている私たちは、「自分自身」をじっくりと省みることなどあまりありません。それに、分かっているようで実は最も分からないものが、この自分自身です。

「灯台下暗し」という諺《ことわざ》があります。灯台とは灯明台《とうみょうだい》のことで、かつて部屋を明るくするために使った燭台《しょくだい》のことです。油がチロチロ燃えている台の下は、一番近いから一番明るくて当然なのに、かえって皿の下で蔭になってしまい暗いのです。それと同じように、自分自身のことは、一番見えにくい。

そもそも、私たちの目玉がそうです。大変皮肉なことに、目玉は、目玉そのものを見ることが出来ない。目玉以外のものなら見えるのに、肝心かなめの目玉そのものは、どうしても見えない。鏡という便利なものがあります。鏡を見れば、そこに目玉も映るから、それがどんな色をしていて、どんな形をしているか分かります。それでもなお、所詮、それは映ったものであって、決して目玉そのものではありません。

自分自身も、まさに目玉といっしょで、目に見えず、どうしてもおろそかにしがちです。誰でも、自分が可愛いと言います。そんなに可愛いのだったら、脚下照顧して、この本当の自分自身を可愛がればいいはずです。ところが、ふつう私たちが自分と呼んでいるのは、ちょうど鏡に映った目玉みたいなもので、本当の自分自身ではありません。自分自身の影のようなものなのです。目玉の向きに従って、外へ外へと自己中心性を押し出してゆく「自我意識」にすぎない。しかし、私たちはこの自我意識に従って生きているから、つい肝心の「脚下」をおろそかにしてしまうのです。

再び、前章で紹介した王子さまとスイッチマンとの会話です。右に左にと、あわただしく通り過ぎて行く特急列車を眺めながら、二人は、こんな言葉を交わします。

「あの人たち、いままでいたところが気に入らなかったのかなあ」と王子さまが言いました。

「自分のいるところに満足している人間なんか、いやしないさ」と、スイッチマンが答えました。

本当にそうです。自分の見慣れたものほど、何かみすぼらしく、つまらないものに見えるもの。人でも、場所でも、何でもそうです。身近なものほど、つい軽く見る傾向があります。こんな所より、遠くへ行けば、もっといいものがある……と。

そもそもこの『星の王子さま』の話が、その一例に他なりません。王子さまは、ある星に住んでいました。そこには、一本のバラの花があって、王子さまは愛情を抱いていた。しかし、その花はいささか勝気で高慢な性格だったので、王子さまは、花が口にする言葉に振りまわされ、ずいぶん悩まされました。たとえば、

「ここは、ずいぶん寒いのね。いままで私のいたところなんか……」と言いかけて、花は口をつぐみました。

こんな所より、今までいた所の方がずっとよかった。こんな所になんか来るんじゃなかった。これは、新しい土地や職場で慣れないことに出くわした時に、ついこぼしたくなる愚痴。また、後から来た者が、そこに住んでいる相手をやっつ

けようとする時の、お決まりの文句。おまけに、この花の場合は、見栄を張って、口から出まかせの嘘をついているのです。事実を言えば、この花が王子さまの星にやってきたのは、まだ種の時でした。

だから、ここ以外の別の世界を知っているはずがありません。自分でこんな幼稚なうそをつきかけてしまい、困って、二、三回、せきをしました。こんなことを言わせたのは王子さまが悪いのよ、というように。……それから、もう少し無理にせきをして、王子さまが後悔をするようにしむけました。

くってかかられると、誰でも、むきになって反撃したくなりますが、涙なんか流されると、自分が悪かったという気になるものです。

こうして、王子さまは、こんな花が口にする気まぐれな言葉を、いちいち、まともにとっていたので、一緒にいるのがすっかり嫌になりました。

「花のいうことなんか、耳を傾けて聞く必要なんかないさ。ただ眺めて、いい匂いをかいでいればいいんだ」

すっかり花嫌いになった王子さまは、自分の星を捨てて、宇宙へ旅立ちました。そして、いくつか星を訪れ、いろんな人に会います。この地球へやって来てからは、語り手の「ぼく」や、キツネや、バラの花の群れとも出会いました。特に、キツネからは、「心で見ないと、ものは決して正しくは見えないよ。肝心なことは、目には見えないのだから」という人生の秘密を教えられ、また、自分の星へ戻って行くのです。

愛することの意味をはっきりと自覚し、あのバラの花の待つ星へと帰って行くのです。生まれ育った所を、一度離れ、様々な体験を通して、その良さを再認識し、元の所へ戻る。この心の旅の終着駅こそ、「脚下」にある本来の我が家、本当の自分自身に他なりません。こうした意味で、ある時期、「脚下」を離れるのも、人間の成長や成熟にとって不可欠なこと、あるいは、必然的過程と言ったら

第六図「騎牛帰家」

よいでしょうか。

古来、禅門では、『十牛図《じゅうぎゅうず》』というものを大切にしています。修行に取り組む上での格好の手引きであり、悟りを牛にたとえて、一人の若者がその牛を求めてゆく心の旅を、十枚の絵に描いたものです。第一図「尋牛《じんぎゅう》」から始まって、第二「見跡《けんせき》」、第三「見牛《けんぎゅう》」、第四「得牛《とくぎゅう》」、第五「牧牛《ぼくぎゅう》」、第六「騎《き》牛帰家《ぎゅうきか》」と、第十図まで続きます。

悟りとは、自己の本性、本来の自己に目覚めることだから、牛は、他ならぬ「本当の自分」のことです。

第一図「尋牛」――一人の若者が、

牛に例えられた、この「本当の自分」を求めて、山野を放浪する。

第二図「見跡」――どこかに牛がいるはずなのに、どうしても見つからない。すっかりくたびれて、もうこんな苦労はやめようと諦めかけた時、ふと見ると、そこに牛の足跡があるではないか。よし、この足跡をたどって行けば、牛が見つかるかも知れない。

第三図「見牛」――急に元気が出て、その足跡を追ってみたものの、途中で跡がとだえ、せっかくの手掛りを失って途方にくれる。あちらこちらと歩きまわったが、見つからず、今度こそ本当に諦めようと決心し、来た道を戻りかけて、ふと前を見ると、いる、いる。すぐ近くのくさむらで、草を食べているではないか。思わず、小躍りして喜ぶ。こんなに長い時間をかけ、大変な苦労をして探してきたあの牛だ。ついに見つけたぞ。

第四図「得牛」――喜び勇んで牛に近寄り、捕まえようとする。そのとたん、若者に気づいた牛が猛然と暴れだした。せっかく目の前にいるのに、捕まえられない。とは言え、こんなに頑張ってきたのだ。もう少しの辛抱だ。そして何度か

失敗ののち、やっとのこと、ひもが牛の首にかかった。やった、とうとう牛を捕まえたぞ。

第五図「牧牛」——さて、牛を捕まえた喜びも束の間、意地の悪い牛は、なかなか素直に従おうとはしない。やっとのこと捕まえた牛だ、負けてなるものか。こうなれば、牛と自分と根くらべするまでだ。そうしているうちに、次第に牛もおとなしくなり、やがて、すっかりなつくまでになった。

第六図「騎牛帰家」になると、若者は、牛の背中にまたがり、笛を吹きながら、我が家へと向かいます。

修行上では、この先に、第七図「忘牛存人《ぼうぎゅうそんにん》」以降、第十図まで更に重要な段階がありますが、今は、外へ向かう求道《ぐどう》の旅から「脚下」へ戻る「騎牛帰家」までとします。

この『十牛図』のシンボリズムは、私たちの日常生活の様々な事実に当てはまります。自分のまんじゅうより他人《ひと》のまんじゅうの方が、大きくておいしそうに見えます。自国文化よりは外国文化、近い所のものよりは遠い所のものに憧れるのは、世界共通で、何も日本人だけのことではありません。が、それにしても、私たち日本人は、特に外国に弱い。

明治の文明開化以来、不幸な戦争の時期はさておいて、島国のせいでしょうか、遠い海の向こうから船で運ばれて来たものを、「船来品」と呼んで、ずいぶん有難がって来ました。いまだに、この西洋崇拝の傾向は、はっきりしています。

面白いことがありました。私は、一九八六年秋から八七年夏にかけて、十カ月あまり、フルブライト研究員として、アメリカのサンディエゴ州立大学とカリフォルニア大学に滞在しました。出発前は、張り切っていっぱい計画をたてたのですが、実際は、その十カ月の間に、十余の大学から講演の依頼があって、アメリカ大陸を何度か横断、かなり多忙な滞在になってしまいました。私が、アメリカ文学専門の研究者であり、日本の禅僧だということで、あちこちの大学の英米文学科（アメリカの「国文科」）の教授たちが、面白がって私を招いたという訳です。

その一つ、ニューヨークのある大学で講演した時のことです。話が日本文化に及んだ時、ある学生から質問が出ました。「伝統的な日本文化のことは分かりましたが、現代はどうでしょうか」。

私は、あまり触れたくないテーマなので、一瞬ためらいましたが、こう答えました。「皆さんを怒らせるのは嫌なのですが」と言うと、聴衆がみんな身構えたのでしょうか、会場がシーンとなりました。そこで私は、思い切って言いました。「あなたがたの西欧文明が日本へ押し寄せて来た時から、日本文化は、だいぶ狂ってしまいました」。すると、意外なことに、聴衆はどっと笑い出し、会場が拍手の渦に巻き込まれたのです。これには、本当に救われました。というのは、禅センターでの講演なら、西欧文明批判をすれば好評なのは当然ですが、一九六〇年代の熱気あふれた時代から一転して、すっかり保守化した現在のアメリカの大学生たちを前にしていたからです。

もちろん、海外文化を学ぶことが大切なのは言うまでもありません。そうした学ぼうという態度は絶対にかかせない。しかし現実に、自分たちの「脚下」を忘れて、外国文化にばかり目を奪われている私たち日本人の姿を見ると、私はどうしても疑問を感じてしまうのです。せめて文化の輸出と輸入のバランスをとって、五分五分に近づけるべきだと私は信じています。

実例をあげれば切りがありませんが、たとえば言葉はどうか。英語になった日本語と、日本語になった英語の、単語の数を比較してみたらどうでしょうか。日本人が受け入れた外来語は、輸出した日本語の、おそらく何百倍ではないでしょうか。日本語には、外国語をカタカナ化してどんどん取り入れてしまう、すばらしい柔構造があります。カタカナになったとたん、発音や意味の上で、もとの英語を離れて日本語化してしまう。こうして、外国語をどんどん取り入れて、語彙を豊かにしてゆく。そもそも、漢字が中国からの外来語でしたし、それで日本語が著しく発達したわけです。だから、外来語を取り入れること自体はいいとしても、問題は輸入と輸出のバランスにあります。それとも、「イエスタディのアフタヌーンに、アイは、ステーションで、ユーとトークした」などと、これからの人たちは、話すのでしょうか。あまりにカタカナ日本語を使いたがる人々が多いのを見ていると、そんな心配もしたくなります。

もう一つ、翻訳出版を例にとりましょう。毎年、おびただしい数の欧米の本が日本語に訳され、よく読まれています。しかし、日本語からの英訳書となると、情けないくらい少ない。こうした書物の輸出は、輸入の何十分の一に過ぎないはずです。日本に、輸出すべき文化がないのなら仕方ない。しかし、世界に誇るべきすばらしい過去の遺産をもちながら、その英訳出版に十分に努力しているとは、とても言えません。

毎年、夏休みになると、大勢の大学生諸君が海外旅行に出かけます。恵まれた時代になったものです。私も、わが学生たちに、一度、日本の外へ出てみることをいつも勧めています。自分たちの文化を、社会を、そして自分自身を、外から眺めてみることは、大変いい勉強になるからです。海外へ出れば、必ず日本についての質問を受ける。そして、語学力のみじめさと共に、いかに日本のことを知らないかを、嫌というほど再認識させられる。実際、帰国して、もっと自分の国のことを勉強したくなったという学生がいると、私はほっとするのです。しかし、中には、講義中にガムをくちゃくちゃ噛むことだけ覚えてきた学生もいて、腹立たしくなることもあります。

近年、日本は経済大国ということになって、世界中から注目をあびるようになりました。しかし、金儲けが上手だというだけの理由で、本当に世界の人々から尊敬されるものでしょうか。決してそんなことはない。諸外国も、自分たちの金儲けの都合上、日本に注目しているだけのことであって、心から日本人を尊敬しているからではない。やはり、国際社会において尊敬されるには、日本人が人格的に成熟するしか方法がないと私は信じます。経済大国ということで傲慢になったという話を聞きますが、見苦しいことです。また、欧米に対しては媚びへつらい、アジアなどの人々には高圧的な態度をとる日本人がいるとすれば、何をかいわんや、もの悲しくなるばかりです。

所詮、すべては日本人の西洋崇拝から来ていると思いますが、これから、国際社会で日本が尊敬されるようになるためには、西洋だけでなく、全世界のことを謙虚に学ぶと同時に、外国を、いわば鏡として、そこに映る自らの姿をしっかり見つめ、「脚下照顧」することが必要だとつくづく思います。

さて「脚下照顧」とは、いいかえれば、「いま、ここの自分」のありようはどうなのか、を見つめることです。禅は抽象的なことは扱わない。あくまでも、具体的なもの、目には見えないが、「いま」「ここ」にいる「私そのもの」を直視します。その「私」がいま目覚めているか、眠っているか。いや、まぶただけの問題ではありません。いま私の心が、躍動しているか、死んだも同然か。そこが問題なのです。

中国の代表的な禅の古典である『碧巌録《へきがんろく》』に、こんな問答があります。「一日作《な》さざれば一日食《くら》わず」で有名な百丈禅師《ひやくじようぜんじ》が、師匠の馬祖禅師《ばそぜんじ》について歩いていた時のことです。

空を見ると、野鴨が飛び去って行く。「あれは何だ」と馬祖が尋ねる。「野鴨です」と百丈が答える。「どこへ行ったか」と馬祖。「飛んで行きました」と百丈。そのとき、師匠は弟子の鼻をひねった。百丈が「痛い！」と声を出すと、馬祖が言った。「何だ、飛んで行ってないではないか」

これは「公案《こうあん》」です。禅宗の中でも臨済宗《りんざい》では、こうした公案を手掛りにして修行を進めます。

鼻をひねられた痛みで、野鴨に気をとられた百丈は、「いま」「ここ」の「私」に戻ったのです。外へ外へと飛んで行きがちな人間の意識が、まさに「脚下照顧」したのです。「痛い!」と叫んだのは、いったい誰か。

最大の問題はこの「誰か」です。人間の中核をなす「主体性」、それをしっかりつかむことこそ、すべての出発点となります。「脚下照顧」して、本当の自分自身に目覚めれば、どこへ行こうと、何をやろうと、肝心かなめのことがはっきり見えてきます。何も、はるばる遠くまで、青い鳥を探しに行かなくてもいいのです。肝心かなめのものは、はじめから脚下にあるのですから。

私たちの眼から、我執《がしゅう》の汚れをふき取りさえすれば、森羅万象《しんらばんしょう》、すべてが輝いてきます。石ころも、虫けらも、草も木も、何もかもみんなキラキラ輝いて見えます。もちろん「一輪のバラ」も、「一滴の水」も、真実そのものの表われに他なりません。

chapter ❹

主人公《しゅじんこう》

「他人を裁くより、
自分を裁くほうが、ずっとむずかしいものじゃ」

主人公という言葉は、一般には小説や事件の中心人物の意味で使われていますが、禅では、人間存在の中心となる本来の自己、アイデンティティのことを「主人公」と呼びます。いつも我執《がしゅう》に振りまわされているような自己ではなく、本当の自分自身のことです。だから、「主体性」という言葉で言い換えてもいいでしょう。

よく、「一大事だ！」と言います。何か事件が起きた時に口にする言葉です。しかし、真実に生きたいと願っている人にとって、「一大事」とは、自分が本当の自分にめぐりあうことです。かけがえのない人生です。肝心かなめの自分自身、「主人公」に目覚めることなく、ただのドタバタ劇で終わってしまっていい訳がありません。

白隠禅師《はくいんぜんじ》（日本の臨済《りんざい》禅中興《ちゅうこう》の祖）の師匠、正受《しょうじゅ》老人は、「一大事とは今日只今《こんにちただいま》の心なり」と言いました。人生は、「今日只今の心」の積み重ねです。だから、「いま、ここの私」、「主人公」のありようがどうなのか、に比べたら、「一大事」などそんなにありはしません。ふだん私たちは、他愛もないことを、つい「一大事」の気になって大騒ぎするだけのことです。「主人公」の大切さに比べたら、むきになるほどのことではありません。

さて、自分のいた星を離れた王子さまは、他の星を訪ねます。第一の星の住人は、他人を見ると、すぐ命令したくなる病気をもった王さまでした。

故郷を離れて、気が沈んでいた王子さまは、夕日が見たくなり、王さまに頼みました。

「ぼく、沈む夕日を見たいんですけど。すみませんが、夕日に沈めって、命令してください」

「わしが、軍隊の大将に、ちょうちょみたいに花から花へ飛びまわれ、とか、悲劇の作品を書いてみよ、とか、海鳥になってみよ、とか命令して、もし大将がその命令を実行しなかったとする。さて、わしと大将と、どちらがまちがっとるかな」と、王さまが尋ねました。

「それは王さまです」きっぱりと、王子さまが言いました。

「そのとおりじゃ。義務をはたすよう要求するには、それが、めいめいの出来ることでなくちゃならん」と、王さまが言いました。

こんな具合で、この王さまは「絶対君主」とはいえ好人物で、決して無理強いをしたり、理不尽な命令をする訳ではないのです。

「よし、夕日を見せてやろう。わしから命令しよう。だがな、わしの政治哲学ではな、すべて条件が整うまで待たにゃならんのじゃ」

王さまはそう言って、暦をめくって、その時間を確かめました。「今日の夕方、七時四十分ころじゃな。その時、わしの命令がどんなに忠実に守られるか、分かるはずじゃ」

ある意味では、大自然の摂理《せつり》に従った、すぐれた生き方なのかも知れない。しかし、摂理に合わせてとは言え、いちいち自分が命令しないと気がすまないところに問題があります。これは、傍《はた》から見るといささかこっけいですが、現実にある一種の精神の病です。他人を見ると、いちいち指図したくなる病気です。王子さまがあくびをしようとすると、あくびをしろと命令せずにはおれない。あくびがでなくなると、ある時はあくびをし、ある時はあくびをしないでいろと命令するのです。そして、他の星へと去って行く王子さまに向かって、「お前を大使に命ずるぞ」といった具合です。

「命令病」というか、「指図病」というか、そんな「病気」に命令され、指図されて生きている人間です。こういう人は、他人が何かしようとすると、すぐ余計なお節介を始める。する方は、それが生まれもった業《ごう》だから、ほとんど無意識に、口が勝手に動いてしまう。その意味では、本人もまた被害者なのでしょうが、される方はいっぺんに意欲を失ってしまうもの。ずいぶん傍迷惑《はためいわく》なことです。
ただ一つ、その王さまにも名言があります。その星を去ろうと決心した王子さまに、あわてて王さまは、法務大臣にしてやろうと言い出す。しかし、王さま以外に裁判する相手が一人もいないので、不思議に思った王子さまに向かって、王さまがこんな言葉を口にするのです。

「それでは、自分自身を裁くがよい。そいつが一番難しいことじゃ。他人《ひと》を裁くより、自分を裁くほうが、ずっと難しいものじゃ。もしも自分を正当に裁くことができたら、それは、お前が本当の賢者《けんじや》だからだ」

私たちは、他人のことなら、いくらでも裁くことが出来る。他人の欠点なら、いくらでもあげつらうことが出来る。相手の欠点なら、ちょうど高性能なカメラで写すように、くっきりと映る。ところが、自分のこととなるともうお手あげです。まるでピンボケ写真。これは、繰り返しますが、目玉というものの構造のせいです。目玉は外側へ向かってついているから、他人の粗《あら》ならはっきり見えても、自分の粗は見えない。自分の心の内側を見る「心の眼」がないと、どうしても見えないのです。

ふだん私たちは、自己中心的な自我によって生きているので、何でも自分の都合のいいように、いつも自分中心にものを考えます。ただ、このエゴイズムと同時に、程度の差こそあれ、誰でも理性や良心をもっている。そして、自己中心性があまりに過ぎると、自然にこの「心の眼」が働いて、エゴイズムにブレーキをかけます。

パスカルの『パンセ』には、こんな一節があります。

理性と情欲の間における人間の内的葛藤。
もし人間が情欲をもたず、理性だけをもっているとしたら……。
もし人間が理性をもたず、情欲だけをもっているとしたら……。

だが、両方を合わせもっているので、人間は葛藤なしには生きられない。

私たちが、理性と情欲の間でいつも葛藤していることは確かです。ただ、ふつうの人間の情欲と理性とを天秤にかけたら、どうも情欲の方がちょっと重くて、そちらに傾きそうな気がしますがいかがでしょうか。例えば、今日から英語の勉強を始めようと、理性によって決心する。二、三日ぐらいは、多くの人がどうにか続けられます。しかし、まもなく怠け心という情欲が、その決心を挫折させてしまう。何だかんだと、もっともらしく理屈を並べては、自分自身の怠惰を正当化してしまう。そして、結局は三日坊主。どうも凡人にとっては、情欲の方がやや優勢のようです。

次は、『法句経《ほっくぎょう》』という古い経典の言葉です。

自己こそ自己の主である。ほかに誰が主でありえようか。自己がよく整えられたなら、人は、得難い主を得る。

自己こそ自身の主、自己こそ自身のより所である。それゆえ、馬商人が良馬を制御するように、自己を制御するがよい。

これが、仏教の基本的な考え方です。真実は、空の上にも、地の底にもありはしない。この自分自身を離れては、どこにもない。「いま」「ここ」に生きている「私」が「よく整えられた」とき、この「私」自身が、そのまま神であり、仏だというのです。

本来の自己といっても、また煩悩に振りまわされている自己といっても、実際には、「いま」「ここ」にいる「私」以外にはない。だから、自分が本当に可愛くて大事にしたいのだったら、この「私」を整えること以外に道はありません。現代風に言えば、「主体性」の回復です。自分で、自分を、上手にコントロールすること、セルフ・コントロールです。もっと積極的に言えば、自分の短所を、そのまま長所に変えてしまう智慧を身につけること、でもあります。あらゆる意味で、この「主体性」という言葉は、現代人にとっての最も重要なキーワードと言えるでしょう。

さて、王子さまの星には、いい植物とわるい植物とがはえていました。バオバブは、全く質《たち》の悪い植物でした。

バオバブは、もし気がつくのが遅れると、もう絶対に、取り除くことができない植物なのです。星の地面のうえを、いちめんに、はびこります。根っこで、星に穴をあけてしまいます。そして、もしその星がとても小さくて、バオバブがあまりたくさんになると、星はこなごなに割れてしまいます。

そうなったら大変です。だから、いつも注意深く、用心していないといけないのです。

「バオバブもバラも、まだ小さいときは、そっくりだけど、見分けがつくようになったら、怠けないで、見つけたらすぐに、バオバブは、みんな引っこぬかなくちゃいけないんだ」

王子さまはこう言います。主体性をおびやかすものは、丹念に摘みとるに限ります。とくに悪い習慣は、早め、早めに摘みとる、これこそ主体性を守るための秘訣に他なりません。

私は、本当にお酒が好きだから、ほとんど晩酌が欠かせません。だから、何かの理由で、今日は止めにしようと決心せざるを得ない時は、ちょっと主体性を問われます。

一杯は人酒を飲み、二杯は酒酒を飲み、三杯は酒人を飲む。

この言葉には、人と酒との関係がよく表われています。友と酌みかわしながら、楽しく酒を飲む。あるいは、一日の予定の仕事を終えて、ひとり晩酌を楽しむ。

いずれも、実に楽しいものです。ただ、本当にお酒が好きなら、出来るだけ長い間、できることなら死ぬまでお酒を楽しんだ方が利口です。それには、量は控えて、もっぱら質を大事にすることです。惰性で大酒を飲むのは止めた方がいい。この酒はおいしいなあ、と実感する飲み方がいい。こうして、酒が、人生を楽しく、豊かにしてくれるうちは、「人、酒を飲む」ということです。

ところが、「酒、酒を飲む」となると、もう人間などそっちのけになり、酒が、瓶から胃袋の中へと勝手に流れこむだけになります。そして、「酒、人を飲む」となると、他人にからんだり、酔いつぶれて迷惑をかけたり、二日酔いで苦しんだりで、ロクなことはない。酒に飲まれては話になりません。

本当に現代は難しい時代です。人間が主体的に生きるのを妨げるものが実に多いからです。文明の発達は、どうやら人間の主体性に対する挑戦にもなっています。その代表的なものが、車とテレビでしょう。

かつて、人は自分自身の足を使って歩きました。それから、馬やかごに乗ったり、自転車に乗るようになり、現代では自動車が当り前となりました。少しでも便利に、つまり人間が体を使わずに楽をして、時間も節約できるように、というのが、文明の進歩と考えられています。自動車を使えば、遠いところへも出掛けられるし、急ぎの用も足せる。実に便利で有難い。しかし、同時に、自動車に乗り慣れてしまうと、近くの、それこそ一〇〇メートル足らずの店まで、車でないと行く気がしなくなる。そうなると、どこへ行くにも車がないと駄目です。車がないと何も出来ない。これでは、まさに車の奴隷です。車は「乗り物」であって、「乗られ物」では困ります。

テレビもまた、有難い文明の利器です。いろんな出来事を、まるでその場にいるかのように見せてくれる。勉強しようと思えば、わざわざ出掛けなくても、茶の間で様々な講座の勉強ができる。一方、各テレビ局では、出来るだけ長時間、視聴者をテレビに引きつけておくため、あの手この手で、気を引くように番組を工夫する。だから、新聞の番組欄を見ると、あれもこれも見たくなる。テレビをつけ放しにしておくと、次々に番組が続く。気に入らなかったらチャンネルをかえてしまえばいいし、なかなかスイッチが切りにくくなって、結局、ダラダラと貴重な時間をつぶしてしまう。こうなるとテレビの奴隷です。知らない間に、家庭はテレビに乗っとられ、人間は、テレビに支配されてしまうことになります。

よく考えると、こうした現代は、人類史上にかつてなかった異常な時代で、あまりにも非人間的な要素が多い。人間が本当に人間らしく生きるためには、素朴な人間の原点に戻るしかない。人間が、自分自身の主体性にもう一度目覚めるしかありません。

こんな話があります。泥棒の親子が、ある家に忍びこみ、まんまとお金を盗みだすのに成功しました。二人が、家の外に出たとき、親が言いました。「おい、誰にも見られなかっただろうな」子が答えました。「父ちゃん、お月さまが見ているよ」

この一本勝負、子の勝ちです。誰も見てなくても、あの月が見ている。悪いことをしたのを、この宇宙が見ている。しかしこの泥棒は、人間にさえ見られなければそれでいいのです。泥棒にとって問題なのは、他人の目だけです。ただ、もう一歩進んで、「それに父ちゃんが自分で見てるじゃないか」と答えたら、この話はもっと面白くなる。

他人の目はごまかせても、大宇宙はごまかせない。それに肝心の自分自身が、一部始終をよく知っているのです。自分にとって、自分が一番大事なら、自分自身に見られてしまったことこそ、最大の問題のはずです。

「小人閑居《しょうじんかんきょ》して不善をなす」と言いますが、人間にとって、最大の試練の時は、たぶん一人でいる時ではないでしょうか。一人でいると、つい気がゆるんで怠けてしまう。そんな意味では、他人の目も役に立たないわけではありません。他人がみているから頑張る、というのも、まったく意味がないわけではありません。他人の目を、自分を叱咤激励する材料に変えてしまうのも、よりよく生きるための知恵でしょう。

ただ、宗教にとって肝心なのは、大いなるもの、絶対なるものと自分自身との関係であって、本質的には他人の目などどうでもいいのです。一人この世にやって来て、一人この世を去って行く。そんな、たった一人の自分自身のありようこそ問題だからです。肝心なのは、「主人公」のありようであって、禅僧が「慎《しん》独《どく》」（ひとりをつつしむ）という言葉を大切にするのは、このためです。一人でいる時こそ、最も自分に厳しくありたいと願うのです。

中国宋代に活躍した慈明《じみよう》（石霜楚円《せきそうそえん》）禅師《ぜんじ》などは、修行中、眠気に襲われると、もっていた錐《きり》をももに刺して、眠気を払って坐禅を続けたという話です。とても凡人には真似のできないことですが、こうした先人のいたお蔭で、専門道場で修行中の雲水《うんすい》は、大変勇気づけられます。この「慈明引錐《じみよういんすい》」の話を思い起こして、自分自身を奮い立たせ、一日の厳しい修行を終えたあとも、深夜、庭に出て、さらに一人で黙々と坐禅を続けるのです。これは「夜坐《やざ》」と呼ばれていますが、道を求める人間には、まったく自然な、当り前のことなのです。誰に見せるわけでもありません。心の奥深い所でじっと目を見開いて見ている自分自身、それが問題なのですから。

また、禅宗の最も重要な古典の一つ『無門関《むもんかん》』には、瑞巌和尚《ずいがんおしよう》の話があります。瑞巌和尚は、毎日毎日、自分自身に向かって、「主人公」と呼びかけ、また自分でそれに「はい」と返事をしたということです。

「目をしっかり醒ましておれよ」
「はい、分かりました」
「いつ、いかなる時も、人にだまされないように気をつけろよ」
「はいはい、分かりました」

こんな一人芝居をしていたという話です。

ここに求道《ぐどう》の原点があり、これが最も素朴な、よく生きるための形式です。私たちの文明社会には、今後、ますます非人間的要素が増えることでしょう。ともすれば、様々なことに振りまわされて、自分自身を見失い、主体性を失いがちになります。そうであればこそ、いつでも本当の自分自身へ戻れる道筋をもっていなくてはなりません。頭で考えるのではなく、体で覚えた「形式」が不可欠です。

どうでしょうか。私たちも、瑞巌和尚のように、毎朝、この一人芝居をやってみるのは。

「おい、お前、ちゃんと目をあいているか」

「はい、あいています」

「心の眼のほうはどうだ？」

「はい、大丈夫です」

「お前の『主人公』を大事にしろよ」

「はい、はい、分かりました。今日も一日頑張りますよ」

chapter ❺

色即是空《しきそくぜくう》（平等《びょうどう》）

「ちょっと離れた所から見ると、それはもう、本当にすばらしい眺めでした」

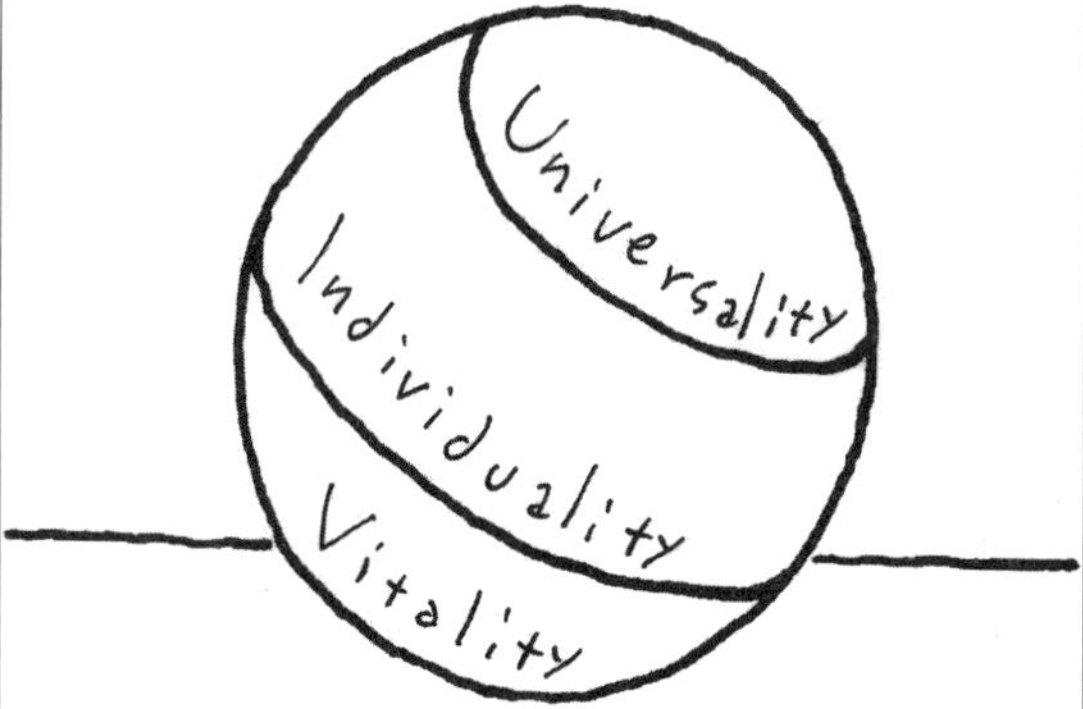

王子さまは、六つの星を訪問したあと、七番目の星、地球にやってきました。そして、上空から見た地球のすばらしい眺めに、深く感動するのです。

作者のサン＝テグジュペリは飛行士でした。実際、パリ－サイゴン間の飛行記録の更新をめざす途中、リビア砂漠に不時着し、奇跡的に助けられたことがあります。その体験は、『人間の土地』という作品の後半に描かれていますが、『星の王子さま』にも、その体験が反映されていて興味深いところです。サン＝テグジュペリが、飛行士として、ふだん空からものを見る習慣をもっていたことに、私は特に注目しています。と言うのは、「離れて見る」という態度は、禅の重要なポイントだからです。

王子さまが、地球について最初に降りた所は、砂漠の中でした。そして、人里を探して長いこと砂漠の中を歩き、やっと一本の道を見つけました。それをたどって行くと、バラの花がいっぱい咲いている庭へ出たのです。

王子さまはその花を眺めました。よく見ると、どの花も、星においてきたあの花にそっくりなのです。それで王子さまは、すっかり悲しくなりました。何故かと言うと、あのバラは、「私みたいな花は、この全世界にたった一本しかないわ」といつも威張っていたからです。なのに、こうしてみると、ここの庭だけでも、同じような花が、何と五千も咲いているではないか。王子さまは、ひとりつぶやきました。

「もしあの花が、こんなところを見たら、ひどく困るだろうな。笑われまいとしてひどく大げさに、せきこんでみせて、死にかけたふりをするだろうな。僕も、介抱の真似をしなきゃならないだろうな。だって、そうしなかったら、もしも僕の方が悪かった、ということにしなかったら、本当に死んでしまうかも知れないもの」

「これまで、僕は、世界中でたった一本しかない花をもっている自分が、とても豊かだと思いこんでたけど、でも、実際は、僕のもってたバラなんか、月並みの、ただのバラでしかなかったんだ」

私たちには、身近なものほど正しく評価するのが難しいものです。周囲の身近なものに対しては、どうしても我がままが出やすいので困ります。自我のエゴイズムがもろに働くので、ひとりよがりな、独断的な見方になってしまう。友人の関係だったら、ちょうどいい距離で、比較的正しい評価ができます。しかし親子や夫婦となると、近すぎて難しい。細かな点に目がいって、なかなか正当な評価が出来ない。つい近視眼的な見方になってしまう。さらにもっと難しいのが、目を「脚下《きゃっか》」に向けて自分を「照顧《しょうこ》」すること、そして公平に「自分自身を裁く」こと。いずれにしても、正確な判断をするには、どうしても一度、対象から離れ、適当な距離をおくことが必要です。

『宇宙からの帰還』(中公文庫)というすばらしい本があります。アメリカの宇宙飛行士の体験談を中心に立花隆《たちばなたかし》氏がまとめたものですが、その中で、ドン・アイズリという飛行士が、こんなことを言っています。

「地球にいる人間は、結局、地球の表面にへばりついているだけで、平面的にしか物が見えていない。平面的にみているかぎり、平面的な相違点がやたらに目につく。地球上をあっちにいったり、こっちにいったりしてみれば、ちがう国はやはりちがうものだと言う印象を持つだろう。風土がちがうし、住んでいる人もちがう。人種もちがう。民族もちがう。文化もちがう。どこにいっても、何もかもちがう。生活様式から、食べ物、食べ方までちがう。どこにいっても、ちがいばかり目につく。しかし、そのちがいと見えるすべてのものが、宇宙から見ると、全く目に入らない。マイナーなちがいなんだよ。

宇宙からは、マイナーなものは見えず、本質が見える。表面的なちがいは、みんなけしとんで同じものに見える。相違は現象で、本質は同一性である。地表でちがう所を見れば、なるほどちがう所はちがうと思うのに対して、宇宙からちがう所を見ると、なるほどちがう所も同じだと思う。人間も、地球上に住んでいる人間は、種族、民族はちがうかもしれないが、同じホモ・サピエンスという種に属するものではないかと感じる。対立、抗争と言うのは、すべて何らかのちがいを前提としたもので、同じものの間には争いがないはずだ」（二四八頁）

禅の第一のポイントは、正にこの言葉に尽きます。また、私がこの章で述べたいことも、これに尽きています。あの『十牛図《じゅうぎゅうず》』で言えば、第八図「人牛倶忘《にんぎゅうぐぼう》」の世界です。求める人も、求められる牛も、ともに消え去って、ただ一円相が残っているだけです。

仏教では、伝統的に、「体《たい》」「相《そう》」「用《ゆう》」ということを言います。真実を、それぞれ、本体、様相、働きという三つの視点から見るわけです。もちろん禅でもそうです。

禅は哲学や道徳ではありません。が、現代人にとって、すばらしい思想性が秘められていることは確かです。ここ三十年ほど、欧米で禅がずいぶん盛んになりました。それは、鈴木《すずき》大拙《だいせつ》や、R・H・ブライスといった人々が、魅力的な英語で紹介した禅の思想に、欧米の知識人たちが深い関心を抱いたからです。そして、禅は、欧米の文学や、心理学、精神分析、絵画、音楽、造園、そのほかの芸術などに少なからぬ影響を与えています。

私の友人、ゲーリー・スナイダー（第十章参照）は、京都で六年ほど臨済禅《りんざいぜん》を修行し、その後、アメリカへの禅の紹介に最も貢献した、アメリカの代表的な詩人ですが、もうずっと以前に、「禅の中心が、そのうちにサンフランシスコに移るかも知れない」と書きました。欧米の修行者たちの熱心さを見ていると、そんな可能性もあるような気がします。

私自身も、著書や講演などを通じ、海外の人々に禅を紹介して来ました。私の

第八図「人牛倶忘」

場合は、禅の特質を、

（一）ユニヴァーサリティ（Universality）

（二）インディヴィデュアリティ（Individuality）

（三）ヴァイタリティ（Vitality）

の三つの視点に分けて、説明することにしています。もちろん、これは、仏教の「体《たい》」「相《そう》」「用《ゆう》」に基づいて、私なりにふくらませた言葉です。ただ、体、相、用というのは視点の問題であって、そんなものがある訳ではない。

真実は「一如《いちによ》」ですから、切り離すことは出来ません。だから、「体《たい》＝相《そう》＝用《ゆう》」と表わすのがいいと思います。禅は、いわば、

Universal—Individual—Vital

という三色ぬりの玉です。この玉が転がると、三色がそれぞれ垣間見える。速く回転すれば、玉は一色に見えます。しかし、どれか一つの色だけを見て、これが禅のすべてだと決めつけられては困ります。

この章のテーマは、第一のユニヴァーサリティですが、伝統的な用語を使えば、「平等」で、第六章（インディヴィデュアリティ）の「差別《しやべつ》」、第七章・八章・九章（ヴァイタリティ）の実践論とを、切り離さずに読んでいただきたいのです。

もう一度、先ほどの宇宙飛行士の言葉に戻りましょう。「宇宙からは、マイナーなものは見えず、本質が見える。表面的なちがいは、みんなけしとんで同じものに見える。相違は現象で、本質は同一性である」

私たちは、日頃、自我の自己中心性のままに、「マイナーなもの」にとらわれて、目くじらを立てて争いごとばかりしています。次は一茶の句です。

露の世の露の中にてけんかかな

このように争いを好むのは「阿修羅《あしゅら》」で、六道《ろくどう》（地獄《じごく》、餓鬼《がき》、畜生《ちくしょう》、修羅《しゅら》、人間《にんげん》、天上《てんじょう》）の中の「修羅」のことです。それが「六道輪廻《ろくどうりんね》」です。人間の心は、この六道をぐるぐる輪廻しています。それがただ、もって生まれた性格は、現実にはこの六道のどれかに偏りがちで、例えば、すぐ、むきになる。すぐ、目尻をつりあげる。すぐ、声を荒だてる。すぐ、くってかかる。こんな傾向が強い人は、争いを好む阿修羅型の人間です。共通の大きな全体から目をそらし、つい部分的な違いにばかり目を向けてしまいます。

お互いに、露のようにはかない一生、限られた時間しかありません。年齢と共に、時間の過ぎるのが早くなってくるのは誰もが抱く実感でしょう。この一刻、一刻が、かけがえのない貴重な時間なのです。それなのに、その貴重な時間を、わざわざささいて、ささいな意見の違いで喧嘩を始める。本当に馬鹿馬鹿しい。実に愚かです。

しかし、地球を離れ、宇宙から見ると、表面的な違いなど見えず、みな同じに見えるという。これは、禅の重要な視点だと思います。

日本人、アメリカ人、ロシア人というと、私たちは、近視眼的に、「日本」と、「アメリカ」と、「ロシア」という違いにばかり目を向けがちです。しかし、少し離れてみれば、そうした違いよりも、日本「人」、アメリカ「人」、ロシア「人」という「○○人」の共通項が見えてきます。みんな同じ人類なのです。宇宙飛行士たちは、口をそろえて言います。宇宙から見たら、国境などどこにも見えない。ただ遠くに青く光っている地球という一つの星があるだけだ。そしてその星だけが、人類の住むことの出来る場所なのだ。「この地球以外、我々にはどこにも住む所がないんだ。それなのに、この地球の上でお互いに戦争し合っている。これはほんとに悲しいことだ」と。

サン＝テグジュペリ自身も、『人間の土地』の中で、こう言っています。

この本質的なものを取り出すには、しばし、人間一人一人のもつ相違を忘れる必要がある。……本質性は、ご承知のとおり、世界を単純化するものであって、決して混沌を生み出すものではない。本質性とは、全世界に共通なものを引き出す言葉なのだ。

『般若心経《はんにゃしんぎょう》』の中に、「色即是空《しきそくぜくう》」という有名な言葉が出てきます。色《しき》とは存在のことですから、存在は「空《くう》」であり、森羅万象《しんらばんしょう》は実体をもたない、という意味です。私たちは、自分、自分と自己主張しますが、そんな自分など実体がないというのです。「無我《むが》」なのです。

絶対の自分などというものがない。ここにいるように見える自分は、無限の因《いん》縁《ねん》が積み重なって、仮りに一つの形をとっているにすぎない。自分といっても、すべて「借りもの」でつくられた「仮りのもの」にすぎない。

引き寄せて結べば草の庵《いおり》にて解くれば元の野原なりけり

野原の草木を集めてきて、木を柱にし、草を束ねて結んで屋根をつくれば、そこには、自然に「草の庵」が出来あがる。草木を仮りに結んだから、家の形はしているが、それを解いてしまえばまた元の野原に戻ってしまう。「草の庵」は影も形もなくなってしまう。人間も、ちょうどこの「草の庵」のように、みんな借りもので出来ている。ただ無限の「縁」が一点に集まって、「仮り」の自分があるにすぎない。もっと突っ込んで見れば、

引き寄せて結べば草の庵にて解かでそのまま野原なりけり

というのが本当でしょう。表面的な現象に惑わされず、本質を洞察する力をもてば、この通りです。

空気を吸わなかったら、私たちはすぐ死んでしまいます。水を飲まなくても、間違いなく死んでしまう。太陽の光がなかったら、やはり生物として生きてはゆけません。そもそも、他の動物や植物の命を奪い、それを食物としてとることによって、私たちは命を保っているのです。何もかも借りもの、仮りの形で生きているだけのことです。あらゆるものから切り離して存在し得る絶対の自分など、残念ながら、どこにもない。厳然としてあるのは、生物も無生物も一つとなった、「一如《いちによ》」の世界だけです。そこでは、すべてが「空《から》」だから、万物が平等。すべては、お互いに支えあって存在している。この「相依相関」の視点からものを見るのが、「色即是空」です。

こうした生物のありようを研究する学問を、エコロジー（生態学）といいます。この言葉は、近年、日本でもよく使われるようになりました。特にアメリカでは、一九六〇年代以降に、自然環境保護運動など、様々な社会運動と結びついて盛んになりました。禅が欧米人をひきつける第一の理由が「アイデンティティ（主人公）の探求」だとすれば、第二は、禅がエコロジーの思想を含んでいることでしょう。

　だから、アメリカのエコロジー運動には、少なからぬ禅の影響が見られます。事実、アメリカで自然保護運動をやっている私の友人たちをみても、禅センターに通って坐禅をしたり、禅の本を読んでいる人たちが多いからです。何しろ、ゲーリー・スナイダーが、リーダーの一人として、強い影響力をもっているから、その支持者たちが禅に関心を抱くのは、当然のなりゆきです。このエコロジー運動は、禅の思想が現実社会に活かされたケースとして、非常に重要です。だから、私は大きな期待をもって見守っているのです。一方、仏教とエコロジー運動とが、日本ではあまり関わりがないように見えるのは何故でしょうか。

　それはさておき、私たちの人生も、この「色即是空」の世界を踏まえないと、底の浅い、どこか砂上の楼閣に住むような感じになります。万物の根源に横たわる「無《む》の世界」、「空《くう》の世界」を見ておかなければなりません。無差別、平等の世界です。

　宇宙空間では、上下、縦横、高低、などといったものは一切なくなるそうです。

地球上にいる限りは、天井と床とは意味をもつ。上が天井で、下が床です。ところが、宇宙空間に出ると、上も下もなくなるから、天井や床の区別がなくなる。どこも天井で、どこも床になる。すべての壁面が全く対等、平等になる。それに、無重力空間だから、重い、軽い、ということがない。すべてが平等に、重さゼロになるのだそうです。宇宙空間に出て、誰でも無の世界を垣間見ることが出来るとは、何ともすばらしいことです。

私たちは、自我の君臨する差別の世界に住んでいます。「ちょっと離れた所から見ると」というのは、私たちがいつもしがみついている自我から離れて見ると、ということなのです。自我を離れて「無我」の「主人公」が見ると、です。その「無我」の眼から見れば、男も女もない。男「性」、女「性」という共通の人間性があるのみです。まさに男女は平等で、どちらが勝れて、どちらが劣るなどありえない。男尊女卑も、女尊男卑も愚かなことです。与えられた人生を、より真実に、より楽しく、より有意義に送りたいという願いに、男女の違いなどあろうはずがありません。

「愛するということは、お互いの顔ではなくて、いっしょに同じ方向を見つめることだ」と、サン＝テグジュペリは言います。この言葉は、『人間の土地』に出てきますが、愛には様々な形があっても、これこそ愛することの基本だろうと思います。

ふつうの人間は、お互いに顔を見たら、何か一言、ケチをつけたくなります。何だ、お前の鼻は獅子っ鼻で、ギョロ目で、ハゲ頭で……となります。しかし、それをやり始めると、必ず喧嘩になる。お互いに性格も違う。好みも違う。誰もが、何らかの形で、人類共通の業を受けついでいます。だから、こうした日常的な、現象的なところから、どうしても一度離れて、本質へ戻る必要があるのです。万人が共有する「無の世界」「空の世界」です。その「離れた所」から見れば、鼻の高い低いも、黒髪もハゲ頭も、そんなことはどうでもいい。そんなことに拘っていたことが、恥ずかしくなります。

愛する二人にとって本当に大事なのは、「いっしょに同じ方向を見つめること」です。肝心なことは、お互いに分かちあう「平等」の世界をふまえて、新しい、価値ある世界を二人で手を取りあって築くことなのです。「同じ方向」を見失ってはなりません。

chapter ❻

空即是色《くうそくぜしき》（差別《しゃべつ》）

「おれにとって、あんたは、
世界中でたった一人しかいない人間になるし、
あんたにとっては、おれは、
世界中でたった一匹しかいないキツネになるのさ」
「もう一度、バラの花を見にいってごらんよ。
あんたのバラが、世界中にたった一つしかないことが分かるからね」

前章の宇宙飛行士の話で重要なのは、宇宙体験をして、地球に戻ってきたことです。どんなに宇宙体験がすばらしくても、宇宙空間は人間の生活の場ではない。人類が生きてゆけるのは、この地球しかない。だから、どうしても「宇宙からの帰還」が大事なのです。そのすばらしい心の旅から、「いま」「ここ」の「私」へと戻って、「脚下照顧《きやつかしようこ》」することが肝心なのです。

さて、この章で扱う「差別《しやべつ》」とは、前章で述べた「平等」と対の仏教の基本用語であって、我執の自己中心的な見方、いわゆる○○差別とは全く違います。仏教の「差別」は、区別といったらいいでしょうか、「違いの世界」です。私の言葉でいうと、「ゼン・インディヴィデュアリティ」で、万物を「個別性」「個性」

の視点から問題にするのです。

王子さまは、この地球に来て、自分の星に残してきたバラと同じ花が、あたり一面に咲いているのを見て、草の上に寝て泣きました。自分のバラが、何も特別な花ではなく、どこにでも咲いている、ただの平凡な花にすぎないと分かったからです。

そこへ、キツネがやって来て、王子さまに話しかけます。

「おれにとって、まだあんたは、どうってことない、ただの男の子さ。そこらにいる十万人の男の子と、ちっとも変わんないのさ。おれ、別に、あんたなんかいなくたっていい。あんただって、同じことで、おれなんかいなくたっていい。あんたにとって、おれなんか、そこらにいる十万匹のキツネと、ちっとも変わらない。だけど、もし、あんたとおれの心が通いあったら、おたがいに、相手が、大事なものになってくる。おれにとって、あんたは、この世界にたった一人しかいない人間になるし、あんたにとっては、このおれが、この世界にたった一匹しかいないキツネになるんだからね」

私たちがふだん見ている差別的な見方を超えて、「平等」から見れば、万物はそれぞれが同等の尊厳性をもっている。まだ王子さまと友達になる前のキツネにとっては、王子さまも、他にいっぱいいる子供たちと何も変わらない。王子さまと、他の子と入れ替わっても、どうということはない。どの子だっていい。没個性です。いわば、交換可能な機械の部品みたいなものです。このことは、王子さまの側からも、全く同じことで、他にいっぱいいるキツネたちと何の違いもない。目の前にいるキツネが、他のキツネと入れ替わっても、別に何の意味もないのです。

しかし、ひとたび、キツネと王子さまが「きずなを結び」、お互いの「心が通いあったら」、そこには大きな変化が起こります。全体から個別性（個性）へ、「平等」から「差別《しゃべつ》」へと視点が移るのです。つまり、キツネにとっては「この世界にたった一人しかいない人間」、王子さまにとっては「この世界にたった一匹しかいないキツネ」――そこが肝心なところなのです。それぞれの個を、まぎれもない「個」として認識し自覚することが、「差別」ということです。

ここのところは、『十牛図』の第九図で「返本還源《へんぽんげんげん》」として描かれています。「本《もと》に返り、源に還《かえ》る」、つまり存在の源、本質に戻って、そのありのままを見つめるのです。人間の独りよがりな見方が生まれる前の無垢な眼によって、万物のありようを「無心に」洞察すると、何もかもが、それぞれにかけがえのない存在であることが実感されます。

私たちが日常使う「有難うございます」というのは、実にすばらしい言葉です。もともと「有り難い」、つまり存在し難い、存在するのが難しい、という意味で、相手の好意や善意が、有り得ないほどの、信じ難いほどの行為だというのでしょう。この言葉には、個々の存在の「有り難さ」に対する感動が含まれています。

「いま」「ここ」に自分がいることが、そもそも奇跡であり、大変「有り難い」ことです。自分が生まれるには、両親がいて、その両親にはそれぞれ両親がいて、そのまた……といった具合にさかのぼってゆくと、とてつもない数の先祖がいる

第九図「返本還源」

ことが分かります。そのうちの一人でも欠けたら、この自分は存在しないのです。おまけに、数億の中の、たった一つの精子が卵子と出会い、自分が出来上がるのです。別の精子だったら、もう自分ではありません。こうした事実を考えると、「いま」「ここ」の私自身とは、まさに無限の可能性の、たった一つが実現した結果だと分かります。

この私が、事故死も病死もせず、こうして生きている。無限に広がる宇宙の一点、生物の住み得るこの地球上に、今、まさに生きている。こうしてみると、人間も、そのほかの生物も、無生物も、何もかもが「有り難い」のです。この「有り難さ」が、こうして実現している事実を思えば、万物に対して「有難う」という他はありません。ここにこそ、禅の「差別《しゃべつ》」の心があります。

キツネは、話を続けます。

「本当に分かってやれるのは、自分が愛情をそそいだものだけさ。……人間たちは、店に行って、何でも既製品を買うだろ。でも、友情を売ってる店なんか、どこにもないからね。だから、人間たちには、もう本当の友達がいないんだ」

心のきずなを結ぶには、時間と「忍耐力」が必要です。お湯をかけて三分、といったインスタント食品とは、根本的に違うのです。心は、お金だけでは決して解決しません。時間をかけ、愛情をそそがないと育たないのです。お金をいくらはたいても、赤ん坊がすぐ大人にはならないように。また、杉の苗木がすぐに大木にはならないように。

次の日、会いにきた王子さまに、キツネはこう言います。

「同じ時間に来ればよかったな。たとえば、あんたが午後四時になってくるとするだろ。そうすると、三時になると、もう、おれ、うれしくなってくる。そして、その時間が近づくにつれて、おれ、もう、うれしくて、うれしくて、たまらなくなっちゃう。四時になると、じっとなんかしていられないな。きっと飛びまわっちゃうよ」

もし、時間を決めず、好き勝手な時にやって来るなら、待つ方にとって、心の準備が出来なくなる。だから、「ふさわしい儀式」を守るのが大事だ、とキツネは言うのです。

この「儀式」とは、混沌とした心を整理し、さらにそれを表現するための心の形式のことです。何かに感動した時、その感動を整理して、たとえば俳句で表現したとします。この俳句が心の形式です。お葬式や法要も、人間の悲しみの心を整理してゆくための形式と言えます。感動もなく、心のうつろな人には心の形式も不要ですが、心の充実している人にとっては、どうしてもなくてはならないものです。

キツネの「同じ時間に来ればよかったな」という言葉は、無限の時間の流れ全体の中から、特定の一瞬を取り出すことを意味しています。「平等」から「差《しゃ》別《べつ》」へと、全体から個へと、視点を移すのです。

「それは、その日一日を、ほかの日とは違った一日にし、その一時間を、ほかの時間とは違う一時間にすることなんだからさ」

さらに、キツネは、こうつけ加えました。「もう一度、バラの花のところへ行ってみてごらんよ。今度は、あんたの花が、この世界にたった一つしかない花だってことが、よく分かるから」

王子さまは、バラの花咲く庭へ行きました。そして、バラの花たちにこう言いました。

「きみたち、きれいだけど、中身はからっぽじゃないか。きみたちのために、だれも命なんかかけないよ。ただの通りすがりの人には、きっと、あのバラも、きみたちと同じに見えるかも知れない。ぼくのもってるあのバラの花のことだけどね。でもね、あのバラ一つが、きみたち何百という花みんな合わせたよりも、もっと大切なんだ。だって、ぼくが水をかけてやったのは、あのバラなんだもの。ガラスの覆いの下においてやったのも、あのバラだし、風よけで守ってやったのも、あのバラなんだからね。あのバラのために、毛虫を（ちょうちょになる二、三匹をのぞいて）殺してやったし、あのバラのために、ぼくは、一生懸命、耳をかたむけてやったんだ。ぐちをこぼすときも、自慢ばなしをするときも、何もいわないときでもね。だって、あれ、本当に『ぼくの』バラなんだもの」

それから、王子さまが戻ると、キツネは、別れる前に、約束した秘密のプレゼントをくれました。

「心で見ないと、ものは正しくは見えないよ。いちばん大事なものは、目には見えないんだから」

「あんたが自分のバラを大事におもうのは、バラのために、いっぱい時間をつかってやったからなのさ。……自分が心のきずなを結んだものには、責任があるんだ。あんたのバラの花、大事にしてやらなくちゃ」

王子さまは、キツネから秘密の真理を教わり、「差別《しゃべつ》」、つまり個別性の世界に目覚めました。王子さまのバラは、その庭のバラたちと表面的には同じだけれど、決定的な違いは、長い時間をかけ、「配慮」と「忍耐」で守り育てたことにあります。だから、王子さまは、庭の花たちに向かって、「だって、あれ、本当に『ぼくの』バラなんだもの」と、自信をもって言うことが出来たのです。王子さまは、自分がそのバラを愛していたことを、はっきり自覚したのです。それは、王子さまにとって、「この世界にたった一つしかない」バラでした。たとえ他に、もっときれいな花があったとしても、決して取りかえることの出来ないバラだったのです。

さて、もう一度、「平等」と「差別」について整理しておきましょう。

前章で、『般若心経《はんにゃしんぎょう》』の「色即是空《しきそくぜくう》」に触れました。森羅万象《しんらばんしょう》（「色《しき》」）は、すべて相依相関であって、それだけ切り離して存在できる絶対の個というものはない（「空《くう》」）、と言いました。これが、「平等」の「空」の世界です。しかし、『般若心経』では、すぐ「空即是色《くうそくぜしき》」と言葉が続く。ここが重要なのです。その「空」の世界とは、実は、そのまま、この世の森羅万象（「色」）に他ならないというのです。「空」といっても、何もないわけではない。「空」は、個々の現象となり、形となって、私たちの目の前に現われている。いわば、存在は無であり無は存在で、一つ一つのものを、その「空」の面から見れば「平等」、また「色」の面から見れば「差別《しやべつ》」の世界ということです。

この章のテーマは、「差別」、個別性ですが、こんな句があります。

舎利子《しやりし》見よ空即是色花盛り

『般若心経』は、観自在菩薩《かんじざいぼさつ》が、舎利子（シャーリプトラ）に向かって語りかけた言葉から成ります。お経の中で観自在菩薩の言った「舎利子よ、真実の姿は『色即是空、空即是色』なのだよ」という言葉をふまえて、この句の作者（小笠原長生《ながなり》）は言います。「舎利子、どうだい、見てごらんよ。この見事な花盛りを見ていたら、とても『色即是空』だなんて言えないよ。『空即是色』という他はないね」

これが、もし「舎利子見よ色即是空花盛り」――この見事な花盛りも、所詮、実体のないもの、仮りの姿にすぎないんだよ――だったら、常識的な、日本の伝統的美意識ですが、この無常観をひっくり返したところに、この句の面白さがあると思います。それに、「色《しき》」という文字から、当然、花盛りの鮮やかな色が連想され、言葉遊びの面白さもあります。

さて、この花盛りを一枚の紙に例えると、「色即是空」と「空即是色」は、その裏と表に当たります。どんな紙にも、裏と表がある。裏があれば必ず表があり、表があれば必ず裏がある。しかし、たとえ裏表があっても、所詮、一枚の紙なのです。だから、「色即是空」という「平等」の世界と、「空即是色」という「差《しゃ》別《べつ》」の世界とは、たとえ区別は出来ても決して切り離せないのです。つまり、花盛りを前にして、すぐに散って戻って行く「空」の世界を見てとることと、いま、ここの色あざやかな「色」の世界を楽しむこととは、実は一枚の紙の両面というべきことなのです。

エーリッヒ・フロムは、『愛するということ』の中でこう言います。

成熟した愛では、互いに結びつきながらも、自分自身、自分の個性を失うことはない。愛は、人間に備わる能動的な力で、自分と他人とを隔てる壁を破り、自分と他人とを結びつける力だ。愛によって、孤独と孤立の感覚を克服し、自分自身を見失わず、自分の本分を守る。愛する時には、二人は一つになりながら二人のまま、というパラドックスが起こるのだ。

本当に愛しあう二人には、あなたと私という自我の垣根がなくなる。愛する二人の身心は、何の無理もなく、自然に一となり、二となり、一心同体、一心異体、二心同体、二心異体……と、変わってゆくのです。あなたも私も一つだから、「平等」です。と同時に、あなたはあなた、私は私、お互いにその独立した個性を尊重し合うから、「差別《しゃべつ》」です。愛しあう二人にとって、「平等即差別」「差別即平等」という仏法の真実も、ごく当り前のことなのです。そして、それこそ本当の愛するということだとフロムは言います（フロムの愛の理論については、第九章でふれましょう）。

こうした「平等」と「差別」は、私たちに、実に様々なことを教えてくれます。

とりわけ教育者のはしくれとして、教育は、まさに禅の実践（私の言葉でいうと、「ゼン・ヴァイタリティ」）だという気がします。時には、「差別」の立場から、「むちを振り振り」の「雀の学校の先生」になったり、またある時は、「平等」の立場から、「だれが生徒か先生か」の「メダカの学校の先生」にならなければなりません。

教師には教師としての、生徒には生徒としての役割があります。生徒に迎合し悪和合するのがいい教師ではないし、使命と責任を果たすためには、時に、鬼のように厳しくなることも必要です。それに、口先だけで教育しようとしても、それは無理というものです。

長談義する坊さんの口のはた灸《きゅう》をすえたや千も二千も

よく分かります。そもそも説教などというものは、長すぎると逆効果です。禅僧だったら、口よりも後ろ姿で勝負しようとするでしょう。教師もまったく同じことです。

さらに、ある時は「平等」の立場から、生徒たち全員を引っ張ってゆき、またある時は「差別《しゃべつ》」の立場から、優れた者は優れたなりに、劣ったものは劣ったなりに、それぞれの個性に応じて指導しなくてはなりません。生徒の一人一人のもつ主体性（主人公）や尊厳性（仏性《ぶっしょう》）については、「平等」に引き出してやらなければなりません。見捨てていい生徒など決していないはずです。すべての子供たちが人間の尊さに目覚めるように、精一杯の助力をしなければなりません。と同時に、それぞれの生徒の個性を引き出してやることが、教育者の重要な使命であることは間違いありません。

禅語に、「一人《いちにん》は辨懸河《べんけんが》の如く、一人は口木訥《ぼくとつ》に似たり」という言葉があります。ある者は、急流のように早口で雄弁に話し、ある者は、口下手で、とつとつと話す、という意味です。このせわしない時代を反映してでしょうか、テレビのアナウンサーも出演者たちも、みんな話し方が、ますます早口になっているような気がします。先年、あるアナウンサーが書いた「訥弁《とつべん》の弁」（加賀美《かがみ》幸子《さちこ》）を読んで、訥弁の私は本当にほっとしました。世の中には、雄弁な者もいれば訥弁の者もいる。人それぞれです。

生徒たちは、誰もが何らかの長所をもっているはずです。勉強が出来るもよし、スポーツが得意もよし、歌のうまい子も絵が上手な子も、これまたよしです。たとえ何をやってもさえないけれど、誰にも負けないほど心やさしい子もいます。金子みすゞだったら、「みんなちがって、みんないい」と言うことでしょう。どの長所も「平等」にすばらしいし、それぞれの「差別」の天分もすばらしいではありませんか。

chapter ❼

一隅《いちぐう》を照《て》らす

「ばかばかしいと思えないのは、あの人だけだ。
それは、たぶん、あの人が、自分のことだけでなく、
他人のことも考えているからだろう」

私の好きなエミリー・ディキンスンの詩（拙訳）です。

もし誰かの胸が張り裂けないように守ってやれたら、
私の一生は無駄にはならない。
もし誰かの人生の苦しみをやわらげてやり、
その傷をいやすことができたなら、
あるいは、気を失った駒鳥を
そっと元の巣へ戻してやれたなら、
私の一生は無駄にはならない。

ディキンスンは、十九世紀アメリカの詩人で、社交を好まず、その人生の大半を世間と没交渉で暮らしました。作品にしても、生前に発表されたものはわずかで、その死後、厖大な詩稿の残されているのが発見されました。といって、社会を無視する全くエゴイスティックな女性という訳ではなく、この詩のように、「一隅《いちぐう》を照《て》らす」人生を大切に考えていた詩人です。

人生にはいろんな形があり得ます。他人に迷惑かけようがかけまいが自分さえよければいい、という極めて自己中心的な生き方があります。他人に迷惑をかけなければ好き勝手にやりたいという生き方、また、「自分のことだけでなく、他人のことも考えている」ような生き方、さらに、社会のためになり、誰かに必要とされることを喜びとする、そんな生き方もあります。

ただし、「人の間《あいだ》」に生きる人間のことですから、自分さえよければという生き方で、最終的な満足が得られるものかどうかはいささか疑問です。

魚《うお》は瀬に住む鳥ゃ木に宿る人は情けの下に住む

といいます。魚には水中がいいし、鳥には木の枝が合っている。人間は、世間の人々の人情につつまれて暮らすのが最もふさわしい。とすると、やはり、他人を無視して生きるのは、人間的ではなさそうです。やはり、人と人とが支えあって、「人」という文字が出来るように、人は「人の間」にあって支えあうことで、はじめて「人間」になるのでしょう。

自分の好きなように生きる、というのは人生の原則としても、他人を無視してはいけない。だから、もし、自分の好きなことをしながら、それが他人のためになるなら、それこそ一番いい生き方でしょう。他人に働きかけ、他人の役に立ち、そして喜びを共に分かちあえたら、それこそ「無駄にはならない」有意義な人生なのでしょう。

いつか、石垣工事の手伝いをした時のことです。石垣を積むには、いくつか種類の違う石が必要です。その表面に並ぶ石はすぐ人目につくので、大きさや形をよく吟味して選ばなければなりません。これは、いわばエリート石です。しかし、大きい石だけでは石垣はできません。その間に詰めるやや小さい石がないと困ります。そして、さらに、どうにも使いようもないガラクタ石を、大きい石の裏側に詰め込んで、その上に土をかぶせるのです。私の手伝いは、そんなガラクタ石を集めてくることでした。何度か運んでいるうちに、思わず顔がほころびました。なぜか、そんなガラクタ石に、奇妙な親近感を覚えたのです。「ははあ、こいつらは私の仲間だ」

形のいい立派なエリート石は、目立つ場所にすえたらいい。しかし、ガラクタ石に過ぎなくても、それでもちゃんとそれにあった所があるのです。大石の蔭で、立派に一役買っているのです。「所を得る」ことによって、全体を活かし、それによってその存在も活きてくるのです.

人間もまた、自分にふさわしい「所を得る」ことが先決です。自分に本当に合った所でないと、なかなか自分を活かせません。自分を活かし、他人を活かす。他人が活きることによって、自分が活きる。そして、それが、自ずから社会の

「一隅を照らす」ことにつながれば最高です。

五番目の星を訪れた王子さまは、そこでランプライター（点灯夫）に出会いました。夜になると街灯をつけ、朝になると消すのが仕事です。ただし、最初はよかったのですが、その星の回転が次第に速くなり、今では一分間に一回転するので、そのわずかな間に、ランプをつけたり、消したりする慌ただしさです。それでも、受けた命令は変わらないので、仕方なく、せっせと仕事に励んでいる。何やら、現代の猛烈サラリーマンのようです。

禅は、「その場、その場で全力を尽くす」ことをモットーにしています。その意味で、いま自分の取り組んでいる仕事にベストが尽くせたら、本当に素晴らしい。ただ、「時には、実直さと怠け心とが同居することもある」のも事実です。職務に対する誠実さは、半面の真理。同時に、その仕事が社会や自然に対してどうなのか。社会にとってプラスか、それともマイナスか、正しく認識する必要があります。

もし自分の仕事が、自然を破壊し公害を生むことにつながるのだったら、「その場、その場で全力を尽くす」ことは好ましくないことになります。全力を尽くせば尽くすほど、社会に害を与える結果になってしまうからです。だから、その禅のモットーを、ただ鵜呑みにするのは間違っているのです。

特に、現代のような複雑な時代には、正しい「智慧」と「知恵」の裏付けがないと危険です。いつも「主人公」がしっかり目覚めていないと危ない。忙しさのあまり、自分自身を見失い、惰性に流されると、結果的に、実直さも怠惰と同じになります。どうやら、ランプライターには、素直さという宝物はあったけれど、もう一つ大切な「智慧」が欠けていたのです。

にもかかわらず、王子さまは、命令に忠実なランプライターが好きになりました。私も、何故かこのランプライターが好きです。世渡りの上手な人は、もって生まれた才能で巧みに生きてゆけます。また、心やさしく、いい人なのに、歯がゆいほど世渡りの下手な人もいます。これは、めいめいが生まれもった資質であり才能だから、どうにも仕方ありません。しかしながら職場であれ、家庭であれ、自分の持ち場で、このランプライターのように黙々と、一所懸命に生きている人が、私は好きです。そして、世渡りの下手な不器用な人に、共感を覚え、なぜか親しみを感じて声援したくなるのです。

「一所懸命」という言葉は、今はふつう「一生懸命」と書くことが多いようですが、もともとは、「一つの所（領地）に命を懸けて」生活する、という意味でした。もちろん、「一生」を懸命に生きることは大切ですが、ただ、一生ずっとでは疲れてしまうし、「一つの所」の方が、イメージとして明快なような気がします。すぐれた能力をもった人は、「一所」に限らず、「二所」でも「三所」でもいいのですが、ふつう私たちは、心を集中させないとまとまったことは出来ません。だから、せめて「一所」だけでも、つまり社会の「一隅を照らす」ことさえ出来れば、それだけで立派なことではないでしょうか。

「陰徳《いんとく》を積む」ことも、禅のモットーの一つです。世間では、人目を気にして行動するのがふつうです。「人に笑われないように」とか、「みっともない」とか、「世間体が悪い」などと言う。悪いことをして申しわけありません、とは言わず、世間を騒がせて申しわけありません、と言う。また、いつも人目を基準にして行動する私たちは、スタンドプレーをしたり、いい格好をしようとしたり、といった具合です。自分の中に、自らをしっかり導く主体性が欠けていると、こういうことになります。

しかし、そうでない世界もある。誰も見ていない所で、利他の善行を実践している人もいます。誰に見せるのでもない。ただ、黙々と徳を積むのです。自分のペースで「陰徳を積む」には、むしろ人目のない方がやりやすいように思います。その方が、余計な自意識に惑わされず、直接、自分自身の「主人公」の声が聞けるからです。

ランプライターは、他人からの命令を忠実に実行することで、陰徳を積みました。しかし、本当は、自分自身の「主人公」の声に従って陰徳を積むことができれば、それは禅の修行です。決して坐禅ばかりが禅の修行ではありません。

禅は伝統的に「作務《さむ》」（肉体労働）を実に大切にします。「一日作《な》さざれば一日食《くら》わず」という百丈禅師《ひやくじようぜんじ》の言葉通りです。掃除がきちんと出来てはじめて一人前の禅僧などと言われるくらい、掃除に力を入れます。お寺の境内《けいだい》の落ち葉を掃くのは、物体としての落ち葉だけではありません。心という庭に積もった、煩悩という落ち葉を掃くのです。自分の心の中に散らばった煩悩の落ち葉を、一枚、一枚、ていねいに掃き清めるのです。本堂の廊下に積もった自らの心の塵を、雑巾できれいにぬぐい取るのです。境内を訪れる人が、その清潔さに心が洗われ本来の清浄《しょうじょう》な心を取り戻すことを願って禅寺の住職は心を配るのです。これが禅の「陰徳」の一つの形です。すぐれた宗教なら、みんなこうした実践論をもっていると思います。

　さて、社会の「一隅《いちぐう》」といえば、まず家庭です。そして、そこでのランプライターは、本質的な意味で一家の中心人物の主婦でしょう。家庭は憩いの場であり、励ましあいの場であり、よき文化を次の世代へ伝達する場だから、誰にとってもかけがえのない場所です。その家庭が暗くトゲトゲしくなるのも、明るい安らぎの場になるのも、ランプライターの性格と知恵次第です。その家庭のありようは、子供たちの人格形成に重大な影響を与え、その運命を変えてゆくのだから、本当に重要です。

また禅語で「児《じ》、母の醜きを嫌わず」という通り、母であることは大変な強みです。たとえ顔立ちが醜くても、性格に欠点があっても、子供にとって母は母であり嫌われないでしょう。男も女もみんな、母親のお腹から生まれるのだから、母親が慕われるのは当然です。子供たちに対する影響力といったら、それも特に幼児期には断然母親でしょう。一家のかなめとして、世の母親の皆さんには、これこそ自分の作品だと誇れるようないい家庭をつくっていただきたいと思います。

近年、アメリカの後を追うように、日本でも家庭崩壊が大きな問題になってきました。家庭が崩壊し、子供たちが犠牲になってゆくのは見るに耐えません。所詮、人間は動物ですから、ねぐらが必要です。その日一日の疲れをいやして、明日に備えるための「ねぐら」が家庭です。それがあって、はじめて社会は成り立つからです。家庭は空気です。澄み切った空気か、ヘドロのガスのような空気か、大変な違いです。どんな空気を吸うかで、家族の健康も士気も変わってきます。

かつてわが寺の境内に、地区の公会堂（公民館）があって、そこに私の兄弟子の両親が住んでいました。私がまだ中学生か高校生の頃でしたが、その前を通ると、よく夫妻の笑い声が聞こえてきたものです。もうお二人とも亡くなりましたが、どんな金持ちであろうとも、どんな立派な教養人であろうとも、あのオンボロ長屋から聞こえてきたあの夫妻の笑い声には脱帽することでしょう。すばらしいランプライターたちでした。

現在の若者には、宗教や心について考える機会は少ないようです。宗教やお寺などというと、老人のものと考えがちです。ひどい場合には、いわゆる迷信と混同します。私は、西欧の人々から、「日本人に禅のことを訊《き》いたけど、何も知らなかったよ」という言葉を、これまでに何度も聞かされました。今では、日本へ禅の修行に行っても駄目だと言う人も大勢います。情けないことですが事実です。アメリカなどでは、禅センターに坐禅の修行のために、若者たちが集まります。彼らは、いま、ここに生きる力を身につけるために修行します。しかし、日本でお寺に人が集まるのは、残念ながら、ほとんどが葬式や年忌といった死者儀礼の法事の時です。

もちろん、法事には法事の大切な意味があります。そして、それが本当の宗教に目覚めるきっかけとなれば大変結構です。ただし、宗教は、いま、ここに生きている自分が、よりよく真実に生きてゆくための心の支えだ、と私は考えます。日本の各地に心ある僧侶たちがいて、「一隅を照らす」ために頑張っているのも事実です。しかし残念ながら、大きな流れはなかなか変わりません。私の手元にも、「日本で修行したいが、どこへ行ったらいいか教えてほしい」という手紙が海外からよく届きますが、日本の受け入れ態勢は十分とは言えないようです。

私自身、僧侶であり、日本に住んでいながら、積極的に、日本の若い世代に禅の魅力を紹介してきたとは言えず、恥ずかしく思います。ただ一つの思い出は、手元に置いてある『さんが』という小冊子です。一九七四年、当時、静岡女子大（現・静岡県立大学）の学生たちとつくった雑誌で、たった一冊で終わってしまったのは、私がその一年後に静岡大学へ移ったためです。

「サンガ」は、古代インドのサンスクリット語ですが、漢字では「僧伽」と書き、出家の集団という意味です。もっと広い意味で、仲間たち、と言ったら分かりやすいでしょう。一所懸命、生きようとしている人にとって、よき友の存在は欠かせません。いい意味で競いあい、助け合う友達は本当に宝です。だから、集まった学生たちと一緒に、坐禅と読書のための「サンガ」をつくったのです。今は、静岡女子大もなくなり、思い出の研究室も宿舎も何も残っていません。しかし、そのメンバーの多くは、いま母親となり、家庭や職場にサンガの理想の灯を点していることでしょう。自分にあったやり方で、「一隅《いちぐう》を照《て》らす」ことは決して忘れていないはずです。

ところで、『十牛図《じゅうぎゅうず》』の第十図は、「入鄽垂手《にってんすいしゅ》」です。町中へ出掛けて、救いの手を差しのべるのです。悟りを求めて厳しい修行をしますが、その目的は、その悟りを生きとし生けるものと分かち合うためであり、それは、間違いなく利他《りた》行《ぎょう》なのです。衆生の幸せを祈る禅者共通の願いは、まさにここにあります。

私の周囲を見回しても、心豊かな、魅力的な人は、たいてい何か願いをもっています。願いをもつことが、心を豊かにするのでしょう。願いが人生に意味を与え、人生に輝きを与えることも間違いない。そう思います。

愛する人を何かの病気で失い、何も助けになれなかった無念さから医者になることを決心した、といった感動的な話も耳にします。このような願いはその人に力を与えます。執念ともいうべき意志、努力する力、忍耐する力など、様々な力を与えます。人間に大きな力を与えてくれるのはしばしば不幸な体験ですが、そこから生まれる力は、本当に不屈のものがあります。

しかしながら、取り立てて感動的なこともない、凡々たる人生を送る者には、そもそも自分の願いを見つけることすら、なかなか難しいことです。どうでもいいことと、これこそはどうしても、との区別が出来ないからです。そして、それを「願心《がんしん》」に育てあげるとなると、もっと難しい。仮りに、これこそ我が道という願心がもてたとしても、それを長く保ち続けることは、さらにずっと難しいことです。

『星の王子さま』の語り手「ぼく」は、眠りかけた王子さまを、両腕で抱えて歩き出したとき、「とてもこわれやすい宝物を運んでいるように思えました」と言っています。

第十図「入鄽垂手」

ぼくには、王子さまが、もっとこわれやすいように見えました。それで、王子さまを守ってやらなくては、と思いました。王子さまが、まるで、ちょっとした風でも消えてしまいそうな、炎のように見えたからです。

そうです。すばらしいものほど傷つきやすいのです。

願心は、「とてもこわれやすい宝物」だし、理想の灯は本当に消えやすい。「ちょっとした風でも消えてしま」うのです。しかし、その灯が消えると、自分自身のいる場所も見失ってしまいます。それは、まさに肝心かなめの自分自身を見失うことでもあります。だから、その灯が消えないように、いつも注意していなくてはなりません。

そして、もし人生の最後まで、「一隅を照らす」という「願心」を持ち続けることが出来たなら、エミリー・ディキンスンの詩のように、「私の一生は無駄にはならない」と誇りをもって言えるのでしょう。

chapter ❽

自《じ》由《ゆう》

「もし五十三分を好きなように
使っていいんだったら、
僕は、新しい水のわく泉のほうへ、
のんびり歩いて行くのになあ」

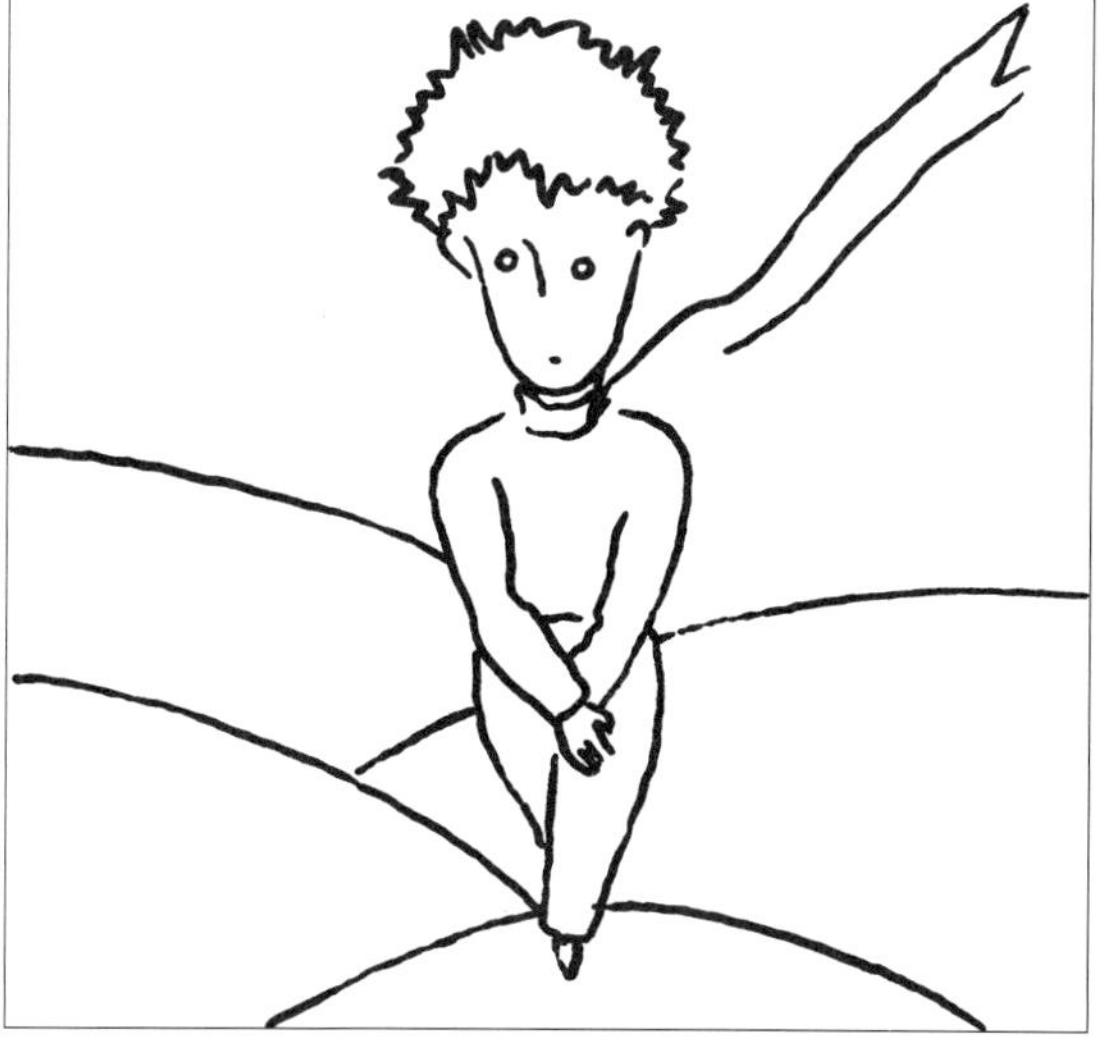

のどの乾きを止める薬を売る商人の話では、一週に一粒ずつ飲めば、のどが乾かなくなり、飲み物をとる時間が節約できる。この時間を合わせると、一週間に五十三分になる。こうして出来た五十三分を、好きなように使えばいいというのです。これに対して、王子さまは、自分だったら、のんびりと散歩を楽しみながら、泉まで歩いて行って新鮮な湧き水を飲むのに使いたいな、と一人つぶやきました。

王子さまは言います。

人間たちは、いそがしがって特急列車に乗り込むけれど、自分たちが、本当に何を求めているのか、分かっていない。ただ、バタバタ走り回り、いきり立って、同じ所をぐるぐる回っているだけのことだよ。

現代は、とにかく慌ただしい時代です。あまりにも変化のテンポが速すぎる。特にテクノロジーの分野の進歩は驚くばかりです。臓器移植の技術も素朴な生命観を変えつつあるし、宇宙ロケットやら、コンピューターやら、日常感覚では想像できないほどの進歩です。こうしたテクノロジーの驚異的な進歩の中で、機械と人間とのバランス、物と心のバランスがすっかりくずれ、人間の心の問題は置き去りにされてしまいました。

文明は、過去の遺産の上に積み重ねることで、更に発展させてゆくことが出来ます。しかし、心については、残念ながらそうはゆかない。物質的財産は譲れても、築き上げた人格や人生観は譲ってやれない。たとえ可愛い我が子とはいえ、譲ってやるのは無理です。何ぴとも、生来の資質を基に、ゼロから出発し、様々な体験を通して精神的に成長するしかないのです。感動する能力、愛する能力、こうした精神的価値は、どうしても自分で築きあげる他はありません。だから、これだけ文明が発達しても、心の成長については大昔とあまり変わりないのです。いや、精神的には、退歩している面さえありそうです。現代人が古代人より人間的にすぐれているという保証は、どこにもありません。

相変わらず、私たちは、物質的豊かさが幸福という大前提にしがみついています。「金即幸福」という幻想に、がんじがらめになっている。「いい幼稚園へ行き、いい小学校へ行き、いい中学校へ行き、いい高校へ行き、いい大学へ入り、いい会社へ入り、いい給料をもらう。いい給料をもらうには、いい幼稚園へ行き、いい……」という価値観。どうどうめぐりです。

落語の話を思い出します。

いい若い者が、昼間からゴロゴロ寝ている。年寄りが叱って、

「いい若い者がなんだ。起きて働け」

「働くとどうなりますか」と若者。

「働けば、お金を貰えるじゃないか」と年寄り。

「お金をもらうと、どうなりますか」

「金持ちになれるじゃないか」

「金持ちになると、どうなりますか」

「金持ちになれば、寝て暮らせるじゃないか」と年寄りが言う。

すると、若者が言った。「もう寝て暮らしてます」


現代の病根は、数字偏重と、こうしたもっともらしい平面的理屈にありそうです。

王子さまが三番目に訪れた星には、酒飲みの男がいました。酒の入ったビンと空ビンに囲まれて、ひとり酒を飲んでいる。


「なぜ酒なんか飲むの？」と王子さま。

「忘れたいことがあるからさ」と酒飲み。

「何を忘れたいの？」
「この恥ずかしい気持ちをさ」
「いったい、なにが恥ずかしいの？」
「こうして酒を飲むことさ」

同じ理屈です。論理や理屈にとらわれると、このように、いつまでも平面をぐるぐる回るばかり。禅は、こんなどうどうめぐりを好まない。論理を無視はしないけれど、決してそれに拘泥しないのです。理屈のとりこになったのでは話にならない。肝心かなめの命そのもの、「主人公」の自由な働き、常にそれを問題にしているからです。

原坦山《はらたんざん》という明治の禅僧について、こんな面白い逸話が残っています。

まだ坦山が若かったころ、友人の雲水《うんすい》と諸国行脚《あんぎゃ》の旅をしていた時のことです。ある小川にさしかかって、ふと見ると、若い女が一人、雨のために増水した流れを前にして、どうして渡ろうかと思案しているのです。やがて、決心したらしく、着物のすそをまくって、水の中に片足を入れました。しかし、急な流れにためらっているのを見た坦山は、「さあ、このわしにつかまりなさい。渡してあげますから」と声をかけました。そして、その女をしっかり抱きかかえて、向こう岸につくと、お礼をいう女には目もくれず、さっさと行ってしまいました。

それを見ていた連れの雲水は、気になって仕方ありません。「修行僧の身でありながら、若い女を抱くとは、けしからん」とうとう我慢できなくなって、坦山に向かって言いました。

「お前さん、さっきは若い女を抱いたりしたが、修行僧の身で、どういうつもりなんだ」

すると、坦山、大笑いして言った。

「なんだ。君は、まだあの女を抱いているのか」

ここに、私のいう「ゼン・ヴァイタリティ」があります。坦山の方は、内なる「主人公」が、自由自在に働きだしたのです。常識としては、修行僧が女を抱いたりするのは、やはり問題です。戒律に反します。しかし、坦山のヒューマニズムが、ごく自然に働き出したのでしょう。戒律を守ることが大事か、困っている女を救ってやるのが大事か。学者にとって、この二律背反《にりつはいはん》は、時間をかけて検討すべき問題でしょうが、禅者は、すぐさま応ずるのです。しかし、もう一人の雲水は、こうした場面におかれても戒律にとらわれたまま、禅の働きが出来ませんでした。

皮肉なことに、人間にとって一番の敵は、しばしば自分自身です。自分自身から自由になることが先決です。どこにも縄などないのに、目に見えない縄で自分をしばる。「無縄自縛」です。自意識は、そんな余計な縄を生み出して自分をしばるのです。

たとえば、病院で注射をうってもらう時、注射嫌いの人は、プスリと刺される瞬間が近づくと、痛い、痛いという恐怖心のために、かえって全神経がそこに集中してしまう。それで、実際には三匹の蚊に刺された程度なのに、恐怖心という自意識の縄が、実際の痛みを百倍にするのです。

プレッシャー(精神的重圧)もそうです。他人の期待に応えようとすると、プレッシャーを感じます。そして、それに対して意識過剰になると、自分をしばる縄になります。しかし、やるだけのことをしたら、あとは運を天にまかす。ふだんの力をすべて出し切ること。ベストを尽くすこと。それだけが人間のやるべきことなのです。自分でやるだけやれば、本当にすがすがしい気分になり、結果などうでもいいという気になる。夏目漱石《なつめそうせき》は、それを「則天去私《そくてんきょし》」と言いました。これこそ、「無我《むが》」ということに他なりません。

近年、社会のあちこちが、何か管理主義的になってきたような気がします。学校教育でも、何かにつけ、規則で子供たちをしばる傾向が強い。これは、私がカリフォルニア州サンディエゴで半年間、長男と長女の通う小・中学校の様子を垣間見てきたばかりなので、なおさらそう感ずるのでしょう。もちろんアメリカも難しい問題をかかえていますが、可能なかぎり個人の自由を尊重しようという態度は変わりません。

もちろん、アメリカと日本とでは、国民性や伝統の違いがあり、一長一短です。ただ、日本のこの妙な傾向は、どうにも気にかかります。これは、学校だけでなく、家庭にも、社会全体にも責任があります。みんなで、若者たちに自由の大切さを学ばせなければいけない。いわば日本の初等、中等教育の結果を目前に突きつけられている大学教師として、本当にそう思うのです。

私の学生たちも、強制したり、指示したりすれば、何であれ「真面目」にやります。不思議なほどよく出席します。レポートも提出します。ただし自由にすると、とたんに事情が変わる。ちょうど自動ドアーの前に立つように、ボケーッと突っ立っているだけで、いつも誰かがお膳立てしてくれるものと思っている。あまりに、受け身の教育に慣らされてきた学生たちは、指示されたこと以外には積極的にやろうとしないのです。

こんな具合だから、一年に一、二度、かんしゃくを起こして、学生たちを叱りつけることがあります。数年前、ある学生の書いたレポートに、こんな文章がありました。

「動物園の猿でも眺めるような目で、こっちを見るな」という先生の言葉が、今も私の心に深くつき刺さっている。

あの時、私たちは、床一面にビラの散らばった教室の椅子に、平然と腰かけていた。そこへ先生が入って来られ、無言で、その印刷物を拾い始められた。しかし、私たちのだれ一人、手伝おうとはせず、ただぼんやりそれを眺めていた。きれいに片付けられてから先生は、教壇にお立ちになり、先の言葉で私たちの態度をお叱りになった。その時、私は、何ということをしてしまったのだろうと悔やみ、自分が情けなくて仕方なかった。……あの場で「見られている猿」は、先生ではなく、実は私たちだったのだと気がついて。……たとえどんな時代がやって来ようとも、人間が人間らしさを失ってはならない、と思う。あの英語の授業で、最前列に坐っていながら、その人間らしい行ないの出来なかった私ですが……。

大学の教室は、学生たちが配るビラが散らかっていることが多く、私はそれが嫌いで拾って片づけるのですが、いまだに、自発的に、積極的に手伝ってくれる学生にはお目にかかっていませんでした。手伝うのが照れ臭いのかも知れない。全員が、まるで「動物園の猿でも眺めるように」眺めているだけです。それでも、私の叱った意図を理解してくれた学生が、たった一人でもいたことは、本当に救いでした。

砂漠の中を歩いていた王子さまと「ぼく」は、ついに井戸を見つけました。

水を入れたうつわを王子さまの口につけると、王子さまは、目をとじたまま、その水を飲みました。お祭りの特別なご馳走のように、おいしかったのです。この水は、本当に、ふつうの飲み物とはまったく違ったものでした。それほどおいしかったわけは、星空の下を歩き、つるべの音を聞き、自分の手を使ってくんだ水だったからです。それは、ちょうど心あたたまる贈物のようでした。

本当の人間的な感動や喜びは、何もせず懐手していたのでは手に入らない。自分が、自由に、積極的に関わらないと得られないものです。「星空の下を歩き、つるべの音を聞き、自分の手を使って」得られるもの。他人ごとのように眺めているだけでは、全く無縁のものです。感動も喜びも、いわば、その努力に対する勲章です。

私の書道の師だった沖六鵬《おきろっぽう》先生は、「五十回、手本をよく見て書き、あとの五十回は、手本を見ないで書け」と言われました。何にでも当てはまる真実です。五十回、一所懸命に手本の通りに真似る。学ぶことは「真似ぶ」ことですから、真似ることによって伝統を吸収する。それから、自由に、好きなように書き、本性としての「個性」を引き出すのです。こうして、伝統と個性のバランスの上に、自由な創造がなされるわけです。

「格《かく》に入《い》り、格を出て、はじめて自在を得べし」という芭蕉《ばしょう》の言葉があります。本当の自由な個性は、伝統をふまえたものであって、何も努力せずに得られるような、そんな安易なものではない。五十回、真似る努力を繰り返して「格に入」る。そして、その努力を終えると、「古人の跡をもとめず、古人の求めたる所をもとめよ」の意味が分かる。手本を真似ることを通して、その伝統のエッセンスが分かってくる。その時、自然にあふれ出てくるものが個性であり、それこそ、新しいスタイルを創造する根源の力なのです。ここに本当の自由な創造があると私は思います。

個性とか、自由とか、安易に使われる言葉ですが、とんでもない。個性的ということと、ただの癖っぽさとでは、月とすっぽん。癖は性格のゆがみ、ねじれであって、ただの垢にすぎません。

さて、自由について結論をまとめましょう。

人生はままならない。誰でもそう感じます。いつまでも健康でいたいのに、いつ病気になるか分からない。長生きしたいと願っても、いつ死ぬか分からない。

金儲けしたいと欲をかいても、失敗して損をする。いい伴侶にめぐりあいたいと祈りながら、反対の相手を選んだり、どうにもままならない。

生老病死《しょうろうびょうし》を四苦と言いますが、さらに愛別離苦《あいべつりく》、怨憎会苦《おんぞうえく》、求不得苦《ぐふとっく》、五陰盛苦《ごおんじょうく》を加えれば八苦です。生はもちろん老いも病いも死も、思い通りにはなりません。さらに、愛する人と別れる苦しみ、嫌いな人と顔を合わせざるを得ない苦しみ、欲しいものを求めても手に入らない苦しみ、感受性が鋭ければ鋭いほど増してゆく苦しみ。人生は、「四苦八苦《しくはっく》」の真っ唯中です。

しかし、人生には苦しみが多いのも確かだけれど、よく考えてみれば、すべて諸行《しょぎょう》は無常《むじょう》なのです。ものごとはすべて変化するのだから、ままならぬ人生とはいえ、いいこともあり得る。嫌なことも多いけれど、楽しいこともある。どっちになるかは、自分のあずかり知らぬことです。いい結果になるよう、正しい努力をすることだけが自分の役目。嫌なことがあれば、地球儀を取り出して「色即是空」を思い、楽しいことがあれば、目前によく見て「空即是色」を思う。それこそ、人生の知恵というものでしょう。

それと同時に、現代人にとっては、やはり禅のめざす自由が必要です。禅の自由は、絶対的自由です。「〜からの」という限定的な自由ではない。たとえば、「暑さからの自由」というと、暑さという不自由があって、そこから逃れた状態が自由だから、これは、不自由に対立する相対的自由です。禅の自由は「自由自在」、「自らに由ること」であり、「自ら在ること」です。だから、暑さの最中にあって、暑い、暑いと言いながら「暑い三昧《ざんまい》」。暑さと一つになると、暑い、寒いという相対的次元を超えた絶対界にあって、暑いままで、すでに本来の「自由自在」に戻っているのです。

「公案」を二つ紹介しましょう。一つは「千尺井中《せんじゃくせいちゅう》」。

深さが千尺もある井戸の中にいる人を、縄など使わずに、救い出してみよ。

もう一つは、「香巌上樹《きょうげんじょうじゅ》」。

たとえば、木に上って、枝につかまらず、足を枝にのせず、口で、枝にぶら下がったとする。そんな時、木の下で、誰かが「禅とは何か」と尋ねたとしたら、どうするか。もし答えなければ、その人に背くし、答えれば、落ちて死ぬかも知れない。こんな時、さあ、どうするか。答えてみよ。

私たちは、現実に、「井戸の中にいる人」や「口で枝にぶら下がっ」ている人と、変わりありません。社会や家庭という組織の中で拘束され、みんな限られた自由の中で生きている。規則があり、義務も義理もあり、浮き世のつきあいがあって、なかなか自分の好き勝手には出来ない。「新しい水のわく泉のほうへ、のんびりと」散歩して行ける人は、そんなに多くはないでしょう。諸行無常の人生は、不自由の真っ唯中です。そして、自由な社会をめざす努力もさりながら、そんな不自由から離れられない以上、どうしても、周囲にふりまわされない、絶対の自由が必要になります。

軒につられたわしゃ風鈴よ鳴るの鳴らぬも風次第

ここに禅のめざす世界があります。風鈴のもつ「柔軟心《にゅうなんしん》」の主体性です。性格がかたくなで、頭がこちこちの人は、自分で自分に不自由の種を蒔いてしまいます。新しい発想が生まれないし、視野が広がってゆきません。柔軟心こそ、価値ある創造の源です。愛を創造し育てあげるのも、この柔軟心に他なりません。空高くそびえるビルディングでさえ、柔構造にすれば、地震にも耐えうると言われています。

決して主体性を失わず、決して「主人公」を見失わない。自由を楽しみ、不自由までも楽しむ。私の海外の友人たちが熱心に禅に取りくんでいるのは、禅の、こんな「絶対自由」のライフスタイルに強い魅力を感じているからでしょう。

chapter 9

仏性《ぶっしょう》

「砂漠が美しいのはね」と王子さまが言った。

「どこかに井戸が隠されているからさ」

人間の尊厳性ということがよく言われます。では、なぜ人間は尊厳性をもつのでしょうか。人間以外の動物にはないのか。植物はどうか。動物にはあるが植物にはないのか。動物にも植物にもあるのか。尊厳性というと、聞こえはいいが、分かったようで分からないところがあります。

砂漠の中で八日間すごした語り手の「ぼく」は、飲料水を、とうとう最後の一滴まで飲んでしまい、王子さまと二人で井戸を探しに出かけたのです。その道すがら、王子さまは言いました。「星がきれいなのは、そこに目には見えない花があるからなんだよ」

王子さまは、残して来たバラの花のことを、しみじみと思い出していたのでしよう。「ぼく」は、「家でも、星でも、砂漠でも、美しく見えるのは、何か目に見えないものがあるからさ」と、王子さまに言いました。「砂漠が美しいのは、どこかに井戸が隠されているからさ」

この世のすべての存在が尊厳性をもつのは、その内側に、目には見えない「仏《ぶっ》性《しょう》」を秘めているからです。仏教では、「一切衆生悉有仏性《いっさいしゅじょうしつうぶっしょう》」といいます。生きとし生けるものには、ことごとく仏性が備わっているという。仏性とは、仏としての本性、つまり尊厳性です。だから、理屈で言えば、生きとし生けるものには、すべて仏性が備わっているから尊厳性がある、と仏教徒は考えるわけです。

白隠禅師《はくいんぜんじ》は、『坐《ざ》禅《ぜん》和《わ》讃《さん》』の冒頭で言います。

衆生本来仏《ほとけ》なり
水と氷の如《ごと》くにて
水を離れて氷なく
衆生の外《ほか》に仏なし

仏といっても、衆生（万物）から離れた所に、衆生とは別の、何か特別な仏があるわけではない。「衆生の外に仏なし」です。生きとし生けるものが、本来みな仏なのです。もともと自分自身に備わっている「仏性」を、自覚するかどうか。仏である本来の自分自身に気がつくかどうか。それだけです。

もちろん、人間には、自我という難敵があって簡単にはゆきません。実にやっかいな敵だからです。強力なエネルギーをもっていて、仏性など、ともすると霞んでしまいます。容易なことでは、やっつけられない。しかしながら、そこが腕の見せどころです。ちょうど柔道で、小男が大男を投げ飛ばすように、相手の強い力をそのまま利用したらいいのです。つまり、自我の煩悩《ぼんのう》のエネルギーを、無我《が》の主体である仏性のエネルギーに変えてしまうのです。濁流のエネルギーを、発電のエネルギーに変えてしまう。それが禅の「智慧」というもので、そうすれば、仏性が本来の働きをするのです。

さて、「衆生本来仏なり」ですから、人間も、犬も猫も、魚も、虫けらも、草木も、みんな仏性をもち、尊厳性をもっている。いや、生物だけではなくて、無生物もまた仏としての命を秘めている。そう感じとる、その感受性が肝心なのです。だから当然、一滴の水にもまた仏の命が宿っているわけです。

明治の名僧、滴水《てきすい》和尚には、こんな若き日の逸話があります。

ある夏の夕方、師匠の儀山《ぎさん》和尚が風呂に入った時のこと。お湯が熱かったとみえて、和尚の身辺の世話役をしていた滴水に、水をもって来るように告げた。そこで、滴水は、近くにあった手桶をもって、水を汲みに行こうとした。その時、ふと、桶の中をのぞくと、底に少し水がたまっている。それで、その水を地面に捨てて、井戸の方へ行こうとした。

その時、「この馬鹿者!」と、儀山和尚の叱る声が聞こえた。「どんなものでも、その命を活かしてやらねばならん。わずかな水であっても、それを植木にかけてやれば，両方が活きるではないか。植木にもいいし、水にもいい。修行する身でありながら、こんな大事なことが分からんのか。それが陰徳というものじゃ。この大馬鹿者！」

こうして叱責をうけた滴水は、深く反省し、それからというもの、一滴の水も粗末にするまいと、心に誓った。号を滴水としたのは、その時からである。

私なども、小さい頃から、この「一滴水」の話を聞いて育ちましたから、物を大切にすることは体にしみついています。一滴の水だって無駄にしてはいけない。汚れた水も、ただ捨てるのでなく、草花や植木にかけてやれば、仏としての水の命が活きてくるのです。

物のない時代には、誰でも物を大事にします。子供のころ、書道の練習には、いらなくなった紙の白い部分を使ったり、古新聞紙を活用しました。真っ白な日本紙が二、三枚使えるのは、最後の清書の時だけでした。すでに使った紙も、また何かのときに使えるように、しわをのばし、たたんでとって置きました。あれやこれや、まだ何かに使えそうなものは、積んで押し入れにしまって置きました。

ご飯をこぼすと、「ばちが当たって目がつぶれるよ」などという言葉もよく耳にしました。こぼれたご飯を、誰もが拾って食べました。何かを無駄にすると、「もったいない！」「もったいない！」みんながそう言いました。物がなかったからです。

しかし、そういう時代を経て、今、物のあふれる時代です。生まれた時から、物の洪水の中に育った世代は、「もったいない」などということはありません。ごみの収集の日には、新品のようなものが、あれこれ無造作に捨てられています。どんどん捨てないと、家の中に置く所がないことも、まぎれもない事実です。学校では、まだ使える学用品の忘れ物がいっぱいあっても、取りに来る生徒は少ないそうです。こんな有様を、とくに戦時中の物のない時代に育った人々は、複雑な思いで見ていることでしょう。

食べ物がなくて空腹に耐えかねたり、物がなくて苦労した体験のある人は、物の有難さがよく分かります。こうした体験そのものは不幸でしたが、それによって物の有難さが自覚できたことを思えば、結果としては、大いに幸運だったとも言えます。

ただ、私が言いたいのは、物が少ないから大事だとか、物が多いから粗末にするといった、相対的なことではありません。物が多かろうが、少なかろうが、そうした物の多少に振りまわされない絶対的なものの見方を、ここで問題にしたいのです。だから、けちな性格の人が言う、もったいないとは違います。貧乏性の人が物に執着するのとも、まったく別次元のことなのです。

肝心なことは、物の命を活かすかどうかにあります。禅の教育では、「物を活かして使え」と、厳しく指導されます。生物であろうと、無生物であろうと、どんなものにも「命」がある。その「命」を、活かすか、殺すかを問題にするのです。よく考えてみれば、物が「ある」ということ自体が、そもそも「有り難い」わけですから。その万物の「有り難い」命を、それぞれに活かしてやらなければなりません。

禅寺の生活では、食事作法は大切な修行の一つです。お経を誦《よ》みながら、ご飯をよそってもらい、「生飯《さば》」をとります。茶碗に盛ったご飯から、指先ほどの固まりをとって、お膳の端に置くのです。これは、ご飯をいただける幸せを感謝し、恵まれない衆生に分け与えたいという禅の心です。そのご飯粒のかたまりは、食事を終えると、ザルや板に載せ、どこか小鳥が食べられるような所に置いておきます。決して無駄に捨てたりはしません。このように、禅寺の生活は、それぞれの物のもつ命を活かそうとする禅の心で、貫かれています。

この禅の生き方は、当然、人間についても同じことです。人を活かさないといけない。会社であれ、どこであれ、人の上に立つ者はこのことを常に心に留めておかなければなりません。上司たる者の、大切な役目です。将棋でも、碁でも、死んだ駒や石が多くなると負けてしまいます。いかにその人の長所を引き出してやるか、それが、人を活かす上での肝心な所です。

古来、人間の本性については、性悪説《せいあくせつ》と性善説《せいぜんせつ》があります。現実の人間社会を見ていると、どうも性悪説の方が正しいように思えてくる。人間は生まれつき悪いものなんだ。自分中心で、放っておけば、怠けるし、悪さはするし、しまいには戦争を始めて殺し合いまでする。戦争での残虐行為を目撃した人には、性善説など、そう簡単に信じられないでしょう。本当に絶望的になります。だから、極悪事件が起こったりすると、刑罰を強め、規則をたくさん作って、人間の自由を制限し管理すべし、という声があがりますが、私にもよく分かります。

にも拘らず、私は、仏性の考え方が好きです。凡人にとっては、「とてもこわれやすい宝物」のような仏性です。ちょっとした風でも消えてしまう。そんな、かすかな灯です。それでもなお、この仏性こそ、人間の本質だと考えたいのです。仏性が存在の本質であればこそ、希望が生まれるからです。

いい人間はいい「仏」です。しかし、悪いことをする人間もまた、本性は仏のはずです。悪いことをする、いわば悪い「仏」なのです。誰もがみんな平等に仏だというこうした信念が学校の教師には不可欠だと思います。そもそも教育という言葉は、ラテン語の「引き出す」から来ました。どの子も仏性をもっていることを信じ、その仏性を引き出す努力をすること。実に難しいことですが、これが教育の原点だと私は思います。

さて、この地球上に存在するすべてのものが、等しく仏性をもち、尊厳性をもつ。そして、すべてが等しく尊厳性をもつ以上は、すべての存在は平等です。第五章で述べた「平等」の理《ことわり》を、理屈でいえば、万物が共通の仏性をもつからなのです。

しかしながら、平等と差別《しゃべつ》とは一枚の紙の裏表。「差別」面から見れば、目の前には弱肉強食の世界があります。力が強くて、要領がよくて、ずる賢いものが勝つ世界。小さいものは大きいものに食べられる。植物は草食動物に食べられ、草食動物は肉食動物に食べられる。が、面白いことに、大きくて強い動物は、最も小さなウイルスにやられてしまう。この弱肉強食の世界は、食物連鎖となって、大きな円をなして循環し、生命の全体が支えられる。これを「平等」から見れば、強者も弱者も、それぞれ全体に生命を捧げることで、生態系の調和を支えています。ところが、たまたま悪知恵が発達した人間が、卑怯な武器を使って、この生態系の調和をくずしてしまうのです。

一九六〇年代に盛んになったエコロジー運動に禅が影響を与えたことは、すでに第五章で述べました。さて、その中心人物のゲーリー・スナイダーの『地球《アースハウス》家族《ホールド》』（一九六九年）は、『地球の家を保つには』の題で邦訳されていますが、これは地球を一つの家族とみなして、地球上の生態系の調和を説いたものです。生きとし生けるもの、衆生《しゆじよう》は、「地球家族」なのです。一つの家族として、みんなで仲よくやってゆくしかない。

人間は、地球家族の、いわば「主人」の立場にあります。だから、人間は、地球家族のみんなが、健康で、安全に生活できるように気を配る義務があります。支配欲におぼれて、他の動物を虐待するなど、もってのほかです。自分だけよければいいというのでは、リーダーの資格はありません。上に立つほど、思いやりが必要です。地球全体の立場から、調和を守る責任があります。

人間たちだけの都合で、洗剤や有害物質を、川や海に流してはなりません。魚たちが困ります。山の木を勝手に切ったのでは、鳥たちが迷惑します。地球の管理運営は、家族みんなの意見を聞いてやるべきです。人間という一部のメンバーだけで、勝手に決めてはなりません。歌にあるように、「ミミズだって、オケラだって、アメンボだって」、それぞれが仏性をもった地球家族の構成メンバーなのです。「みんな、みんな、生きているんだ、友達なんだ」――そんな地球にしなければなりません。

さて、この仏性を働きの面から見ると、それは慈悲となって現われます。禅の修行をして、本来の自己に目覚める。自分自身の仏性に目覚める。これが悟りです。ただ、中には、自分は悟ったんだから偉いんだと、天狗になって横柄になる人もいるようですが、どうもここが禅の危険なところです。

本当に仏性に目覚めたのなら、すべてが仏なのだから、すべてに頭を下げられなければ嘘です。理屈から言ってもそうです。犬でも、魚でも、石ころでも、その仏性の尊厳性に頭を下げるのが本当です。これは、まさに無差別、絶対的な謙虚さです。

あちらには頭を下げるがこちらには下げないという、そんな相対的な謙虚さではありません。絶対的謙虚さです。仏性に直面する時には、世間的な価値観などまったく通用しません。金持ちであろうと、貧乏人であろうと、地位の高い人であろうと、名もない人であろうと、みんな仏様《ほとけさま》ですから。誰であろうと、まったく平等に頭を下げられなかったら、禅者としてにせものと言わざるを得ません。この絶対的謙虚さが人格となった時、自ずから慈悲の心となります。人間的成長、人格的成長と無関係な禅など、私は疑問に思います。

この慈悲の心を、もっと積極的に表現すれば、愛することだと言えるでしょう。それで、仏性の働きを知っていただくために、ここで、再びエーリッヒ・フロムの『愛するということ』に触れなければなりません。鈴木大拙と共に『禅と精神分析』を書いたフロムですが、その愛の理論は、明らかに禅の影響を受けたものだからです。

この本で私の言いたいのは、愛というものは、自分自身の人間的成熟度とは無関係に、誰でも手軽にふけることの出来るような感傷ではない、ということだ。

フロムのいう愛は、手軽な恋心や恋愛ゲームではありません。愛するには、まず人間的に成熟することが先決だというのです。つまり、愛には、「配慮」「責任」「尊敬」「知識」といった人間的価値が伴っていることを指摘しています。愛する相手の健康に気を配り、人間的に成長するよう積極的に心配りをする。全く自然に、相手に対して責任感をもつ。相手の個性を、そのままに尊重し尊敬する。そして、相手が何を考えているのか、その心の深奥を理解しようとするはずだと言うのです。

さらに、愛することの出来る人間になるには、当然ながら、「訓練」が必要だとフロムは言います。愛することは、能力であり、人生を生きる上での根本的な態度だからです。そのためには、「忍耐力」がないと努力も出来ません。意識が散漫では何も生まれないから、どうしても「精神統一」が必要です。さらに、お互いに、人間として、よりよい自分に高めようと願う「向上心」が大切になってきます。

これらは、どれも、禅の修行上の心構えそのものです。愛する能力を身につけるには、自分自身を高める努力と、その結果、人間的に成長することが不可欠である。つまり、フロムは、愛というものは、人格と同じく、努力によって創造するものだ、と考えるのです。

愛のすばらしさは、言葉にすればこんなにわずらわしいことを、みんな自然に、自発的にやりたくなることです。特に「忍耐」や「責任」は、キツネが王子さまに語ったことでした。

また、フロムは、こうも言っています。

ある女性が、私は花を愛していますと言っても、もし、水やりを忘れるようだったら、誰も、この女性が花を「愛している」ことを信じないだろう。

全くこの通りです。花を愛する人が水やりを忘れることなど考えられないことです。もしかしたら、フロムは『星の王子さま』を読み、愛の理論をまとめる上で、一つの資料として意識していたかも知れません。

すでに第三章で紹介した通り、王子さまは、かつて自分のいた星で、花にさんざん苦しめられました。勝ち気で、高慢で、自分の非を認めない。困ると、平気でうそをつき、相手に責任を押しつけてしまう花でした。しかし、自己中心的な態度だけでは、本当の愛は生まれません。王子さまは、述懐します。

「実際、ぼくには、どうやって理解してやったらいいのか、ちっとも分からなかった。あの花のいう言葉ではなく、花のやることで判断してやったらよかったんだ。……だけど、ぼくはまだ幼すぎて、愛するということがどんなことか、分からなかったんだ」

お互いに、自分の人間性の器を大きくして包容力を身につけなければ、愛は育ちません。相手を受け入れるどころか、自分の思い通りにしないと気がすまないような、度量の狭い、器の小さな人は、愛することとは遠く離れた所にいると言わざるを得ません。

愛するには、どうしても、お互いの人間的成熟が必要なのです。はたして自分が、相手から愛されるに値する努力を、これまでにしてきたか。今、しているか。相手にふさわしい人格的、人間的成長をしたか。そして、お互いに、相手の仏性に対して、手を合わせるだけの敬虔さと度量を、人格の中に築きあげたか。ここが肝心です。

秘められた仏性が、愛となって現われ、慈悲の心をもつ人格となって働き出すとき、本当に人間として生きる喜びが生まれるはずだと私は信じます。

chapter ⑩

一期《いちご》一会《いちえ》

「最後の朝には、いつもやっていた仕事が、
とても大切なことのように思われました」

いわゆる「四苦八苦《しくはっく》」の一つに、「愛別離苦《あいべつりく》」があります。愛する人と別離する苦しみです。子供のころ、私はずいぶん困った子でした。というのは、この別離ということにひどく敏感で、自分の慕う人と別れる時になると、決まって泣き出しては大人たちを困らせたからです。

母の在所が、神奈川県小田原市にあって、子供時代、学校が休みになると、日用品の一揃えをもって、すぐに小田原へ出かけたものでした。そこには、祖父母や叔父叔母たちがおり、近くには同じ年のいとこもいました。そして、康哉《やすや》叔父の自転車の後ろに乗って、市内のあちこちへ連れていってもらったり、みんなに可愛がってもらい、楽しい日々を送るのです。ただ、問題はそのあとです。家に帰る日が近づき、別れの時間となると、別れるのを嫌がって泣き出してみんなを困らせたのです。当惑した叔父やみんなの顔が目に浮かびます。

のちに私は、「愛別離」の苦しみが「八苦」の一つであることを知りました。自分だけが悲しいんじゃない。人間である限り、誰でも別れは悲しいんだ。そう思うと、私は、本当に救われる思いでした。それに、この人生の問題をわきまえた叔父が、別れを軽率には扱わなかったのは有難いことでした。

いま、子供たちが「バイバーイ」と言って、気軽に別れるのを見ると、うらやましさと疑問とが入り混じった複雑な気持ちになります。愛別離の苦しみ悲しみは、私ばかりでなく、真摯に生きようと願う人にとっては、誰であれ、人生の大問題ではないでしょうか。

さて、王子さまは、自分の星を離れる決心をして、すべてをきちんと整頓しました。その朝は、特に念入りに掃除をしました。「もう二度とここに戻ることはないだろう、という気がしていた」からです。それで、「いつもやっていた仕事が、とても大切なことに思われ」たのです。

いま、ここで、こうして、この仕事を、この私がやるのは、これが最後だ。だから、この仕事はこれっきりの仕事、たった一回きりの仕事なのです。この無限の時間の流れの中のたった「いま」、この無限に広がる宇宙の中のまさに「ここ」で、この私が、このように、このことをする。徹底した「個」の世界。これこそ「一期一会」に他なりません。

幾度おなじ主客交会《しゆきやくこうえ》するとも、今日の会にふたたびかへらざる事を思へば、実に我一世一度の会なり。

千利休《せんのりきゆう》の弟子、山上宗二《やまのうえそうじ》の書にある言葉です。お茶会で、亭主となり、客となって相対するときに、一生で、たった一回の出会いであるかのように応対する。いや、「かのように」ではない。「たった一回の出会いとして」応対するのです。その時、そこに対面しているのは、自我と自我ではない。無我の私と無我のあなたです。お互いの「主人公」同士に他ならないのです。

考えてみれば、この世の出会いのすべてが「一期一会」です。人生でたった一回の出会い。何もかも、たった一回だけの出会いなのです。いま、ここの私は、次の瞬間には、別のいま、ここの私になるからです。一瞬、一瞬、その時、その時、それで完結しているからです。この一瞬の重みをしみじみと実感し、この一瞬のかけがえなさに思いを馳せるとき、出会いと別れのもつ深い意味が分かってきます。

しかしながら、情けないことに、私たちは、その時が来ないと、この一期一会の意味が実感できません。たった一回の出会いが、そのまま別れとなる。この別れの重み、悲しみがあればこそ、出会いが、本当にかけがえのない出来事となるのでしょう。

禅では、この出会いを、きわめて重要なことと考えます。よその家を訪ねると、まず玄関で挨拶。この「玄関」も、「挨拶」も、重要な禅語です。「玄関」は玄《げん》妙《みょう》な道への関門、つまり悟りへの門のことです。「挨拶」の挨は、積極的に迫ること、拶は、切り込むことです。だから、玄関を前にして、「今日は！」と言ったら、それはもう、禅問答の始まりです。何と答えるか、それで勝負が決まります。このごろ、挨拶しても返事をしないような大人を見かけることがあります。もう、参った、降参だ、という意味なのでしょうか。子供たちも、大人たちも、挨拶が下手になってきたようです。

かつて修行僧にとって、諸国行脚《あんぎゃ》は重要な修行の形でした。諸国を遍歴し、これはという人物を訪ね、すぐ弟子になって修行しました。自分より力があることが分かれば、すぐ弟子になって修行しました。現在の日本の道場は、はっきり一定の形式に固定化されていますが、特に中国の唐代には、きわめて自由な雰囲気の中で、修行僧たちが行き来しました。みな、出会いを求めて生きたのです。それだけ、禅者にとって、出会いは重要なことなのです。

簞瓢《たんぴょう》の楽しみを知る人しあらば田もあぜもやろ槌《つち》も袋も

白隠《はくいん》さんは、こんな歌を添えた絵を残しました。簞は竹籠のこと。瓢は水入れのことです。昔、孔子の弟子の顔回《がんかい》は、竹籠に入った飯と水入れの水だけ、という清貧の生活に甘んじながら道を求めました。この歌には、このことが背景になっています。このようにして真実を求める喜びを知っている者に会えたら、わしの持っているものを全部やるぞ。田んぼも、あぜもやるぞ。金がザクザク出てくる打出の小槌も、宝物が一杯はいっている袋も、何もかもやってもいいぞ。白隠さんは、こう言うのです。

ここに、禅者の心意気があります。私は、こんな禅者の生き方を、「ラディカル・ヒューマニズム」と名づけました。本物の人間との出会いにすべてをかけるのですから、「徹底的《ラディカル》」という他はありません。ふつう、人との出会いに、全財産をかけることなど、まずあり得ないからです。

先年なくなった朝比奈《あさひな》宗源《そうげん》老師《ろうし》は、戦後の日本の代表的禅匠でした。禅匠としては言うまでもなく、『碧巌録《へきがんろく》』、『臨済録《りんざいろく》』の現代語訳（岩波文庫）など、学者としても、重要な仕事をなさいました。私にとって、幼き日から、この朝比奈老師に可愛がっていただけたことが、かけがえのない心の宝物です。老師は、私の生まれた承元寺にごく近い農村のご出身であり、私の父が、円覚寺《えんがくじ》僧堂《そうどう》で修行した関係で、子供のころ、よく父に連れられて北鎌倉へ行きました。山内《さんない》の寿徳庵《じゅとくあん》にお世話になり、「管長《かんちょう》さん」をお訪ねしたのです。

祖父を知らない私には、老師が、まるで自分の祖父のように思えたのでしょう。だから拙著『ア・ゼン・フォレスト』が完成する直前になくなられたことは、私には大変なショックでした。出来上がったら、早速拙著を持参して、お訪ねするつもりだったたからです。「老師、とうとう『禅林句集《ぜんりんくしゅう》』の英訳が出来ました」「おう、そうか。そりゃ、よくやってくれたな」――こんな会話も、残念ながらついに実現しませんでした。

私の座右には、老師に書いていただいたものが数枚あって、いつも励ましてくれます。中でも、「昭和二十八年」と記された「心を一処《いっしょ》に制すれば事として成らずと云うことなし」の茶掛けは、私の大切な宝物です。この「心を一処に制すれば」という老師の言葉のお蔭でしょうか、集中力が、私のささやかな取り柄となりました。翻訳や著述の仕事をする時、限られた時間を、最大限に活用するわざを覚えたからです。

そして、何より重要なのは、幼き日に、一つの道を極めた人間の誠実な人格に、直接ふれる機会をいただいたことです。何の分野であれ、本当の審美眼を養うには、本物に接することが肝心だから、この意味で、当代切っての禅僧の姿を見て育ったことは、すぐれたものを見る目を養う点で、少なからず役に立ったものと信じます。

近年、学生諸君は、どうも、尊敬する人を持たなくなったように見えます。大学生が尊敬する人というと、ほとんどが父母です。父母を尊敬するのは、もちろん結構なことですが、ただ、気になるのは、人間として生きるための普遍的なモデルをもたないことです。すでにフロムの『愛するということ』で紹介したように、尊敬は、愛することの重要な要素です。尊敬する人をもたないことは、愛する喜びを知らないのと同じで、人生が豊かにはなりません。

本当に、人生は誰と出会うかで変わってきます。私なども、幼き日に、清水市（現・静岡市）の片田舎で、何人かの親友と出会い、交友を通して得た様々なことを振り返ってみると、こうした出会いに感謝する他はありません。我が子たちにも、いい友と出会えることを心から願うばかりです。

ゲーリー・スナイダーのことは、すでに何度かふれましたが、一九六〇年代以降、自然環境保護のエコロジー運動など、アメリカのカウンター・カルチャー運動の教祖的存在で、今もインテリや若者たちに、大変な人気があります。一九七五年には、現代アメリカの最も重要な詩人の一人として、ピュリッツア賞を受けました。日本に十年近く滞在し、そのうちのかなりの時間を臨済禅の修行にあてた真摯な人物です。欧米への禅の紹介には、大きな役割を果たしました。私にとって、このスナイダーとの出会いは決定的な意味をもちました。

一九七八年八月のこと。カリフォルニア山中のスナイダー家に滞在していた私は、その最後の晩、持参した『禅林句集』の英訳草稿を読んでもらうため、恐る恐るスナイダーに差し出しました。スナイダーは、注意深く読みはじめ、ページをめくるたびに、「ウーン、Very good !」と言ったのです。そして、もう天にも昇る心地の私に、いくつか出版社の名をあげて、出版を勧めてくれました。

三十五歳を前にした若者にとって、この時のスナイダーの言葉がどれほど決定的な激励になったかはかり知れません。それから、夢中で頑張った結果は、三年後の一九八一年、スナイダーのすばらしい序文付きの『ア・ゼン・フォレスト』の出版となったのです。

スナイダーに会った年、その師であり先年亡くなった、ロバート・エィトケンにも、三十年ぶりに再会しました。アメリカ禅界の重鎮として活躍したこの人物に、鎌倉の円覚寺で慣れない坐禅の世話をしたのは、実は私の師匠という不思議な縁があったのです。

さらにまた、エィトケンの弟子、W・S・マーウィンとも友人になりました。マーウィンも、やはり現代アメリカの代表的詩人で、ピュリッツァ賞はもちろん、アメリカの文学賞を総なめにした実力者で、すぐれた翻訳家でもあります。一緒に十年がかりでやってきた夢窓疎石《むそうそせき》の詩の英訳も、彼のお蔭で、すばらしい文学作品『真夜中の太陽』となってアメリカで出版されました。この他にも、もう一人のアメリカの代表詩人、アレン・ギンズバーグや、フィリップ・ウェーレンとも、心のこもった交友を続けられたのは身に余る光栄であり幸運でしたが、両人とも先年亡くなりました。

かなり引っこみ思案だった私が、こうして、アメリカのすぐれた作家たちと出会い、いっしょに仕事をし、友情を育むことが出来たのも、すべては、エィトケンやスナイダーとの出会いから始まっており、人生の不思議を思います。まったくの幸運です。言うまでもなく、すぐれた作家たちと交わり、すぐれたものに接することで、自分自身の目を肥やし、高める機会になるからです。それに、何よりも有難いのは、みんなが私を鄭重に扱ってくれたことです。すべては私が禅僧だからであって、まさに禅のお蔭という他はありません。

さて、『唐詩選《とうしせん》』には、于武陵《うぶりょう》の作品「酒を勧《すす》む」があります。次はその後半です。

花発《ひら》けば風雨多し、　　ハナニアラシノタトヘモアルゾ人生別離足《た》る。
「サヨナラ」ダケガ人生ダ

「足る」は、多いの意味。「ハナニアラシ……」は、井伏鱒二《いぶせますじ》の名訳。この句は、禅語としてもしばしば使われます。

人生の定めは、「会《え》者定離《しやじようり》」です。「会うは別れのはじめ」なのです。会うものは必ず離れるのが定め。そして、人生最大の別れといえば死です。

死だけ切り離して考えていると、いたたまれなくなります。もうこの世から自分という存在が消えてなくなってしまう！ 大変です。しかし、良寛《りようかん》さんは、「死ぬときは、死ぬがよろしく候《そうろう》」と言いました。そして、こんな歌を残しています。

形見《かたみ》とて何か残さん春は花夏ほととぎす秋は紅葉

私は、これから、「色即是空《しきそくぜくう》」の本来の住家へと戻ります。しかし、私はどこにも行きません。私は、ちゃんとこの世におります。よく見て下さい。春には、あたり一面に咲き誇る花が私です。夏には、さわやかに鳴いているほととぎすが私です。秋には、目を奪うばかりにあざやかな紅葉が私です。「色即是空」は、まさに「空即是色《くうそくぜしき》」なのです。

王子さまと仲良しになったキツネは、別れの時間が近づいてくると、「ああ、おれ、泣いちゃうだろうな」と言いました。それに対して「それじゃ、仲良しになったけど、全然いいことなんかないじゃないか」と言う王子さまに、キツネはこう答えました。

「いや、本当によかったよ。だって、小麦畑のあの色があるからね」

たとえ、王子さまの姿が、目の前から消え去っても、あそこに金色の小麦畑が残ってるじゃないか。あれは、王子さまの金髪と同じ色。小麦畑を見れば、王子さまとの友情が思い出せるんだ。だから、別れは悲しいけれど、いつまでも心を豊かにしてくれる宝物をもらったのだから、あんたと出会ったのは、とてもすばらしいことなのさ。キツネは、こう言うのです。ここには、「別れても別れない」世界、「離れても別れない」世界があります。

真実は「生死一如《しょうじいちにょ》」です。よく死ぬことは、精一杯生きることと裏表です。私たちに与えられた命を、精一杯、生かすこと。ベストを尽くした後のすがすがしさ、あれです。そんなさわやかな思い出で、人生を一杯にすることです。

仮《かり》の世を仮の世だとてあだにすな仮の世ばかりが己《おの》が世なれば

死んでから行くあの世こそ本当の世で、この世での現実の人生は仮りのものにすぎない、と考える人への厳しい戒めの言葉です。そして、「いま」「ここ」に生きている、この「私」の人生だけが、確かな自分自身の人生だよ、だから、無駄にしてはいけないよ、というのです。

どうせ仮りの世なら、いい加減に面白おかしく生きたらいいじゃないか、という人もあるでしょう。ニヒリストの人生観です。事実、そういう人もいることはいる。しかし、そうでない人の方が多いと信じます。やはり、死を前にして、この仮りの世に生きてよかったと思いながら、死んでゆきたい。

禅は、決して死者のためだけのものではない。いま、ここに、こうして生きている自分自身の心の支えとなってくれないのでは意味がありません。限られた、短い人生を与えられた私たちが、本当に自分の人生を生きたと言えるように、指針を与えてくれる教えのはずです。

そう言えば、先頃、スナイダーと「生死《しょうじ》」について話した時、彼が「生《しょう》と死の間に『愛』をいれて、『生愛死《しょうあいじ》』というのがいい」と言ったのを思い出します。生まれて、愛して、死ぬ。「一期《いちご》」とは、生まれてから死ぬまでの間のことです。その誕生と死との間に、一体、何をしたらいいのか。――それは人生をこよなく愛する以外にはない。そう私は信じます。

自分の一生を、振り返るとき、生きてよかったと実感するには、やはり、誰かを、何かを愛したかどうか、ではないでしょうか。対象は、家族であれ、仕事であれ、友であれ、そのほか何であっても、愛する心をもって一生を終えるかどうか、それこそ、さわやかな人生のための原点ではないでしょうか。

生まれて、愛して、死ぬ。それが、束の間の人生を与えられた人間の、精一杯なすべきことに違いありません。

あとがき

『星の王子さま』と、禅の心とを重ね合わせて、私なりに語ってきました。その間、あれこれと心に浮かんだことで、活字にできたのは、残念ながら、ほんの一部にすぎません。禅そのものについても、触れるべきことがまだまだ残っています。そのほか、『星の王子さま』に登場する実業家や、地理学者や、山彦や、蛇のことも、省いてしまったのが気にかかります。

ただ、「好語《こうご》、説き尽くすべからず」です。禅は語りすぎない方がいい。芭蕉《ばしょう》も「謂《い》いおおせて何かある」と言います。そもそも、王子さまが「言葉は誤解のもと」と言っていますから、語り尽くせなくても、それでよかったのかも知れません。

語り手の「ぼく」は、「誰にも、この本を、いい加減に読んでもらいたくない」と言います。著者なら、誰でもそう思うに違いありません。私自身も、もちろん同じ思いです。しかし、ベストを尽くした今は、一人でも多くの人と、思いを分かち合えることを願うのみです。

一九八三年から、清水市(現・静岡市)の戸田書店、戸田寛会長のお部屋をご好意でお借りして、「星の王子さま、禅を語る」と題する「本当の自分に出会う講座」を、毎月、開いて来ました。この本は、その集まりの結晶でもあります。この講座の日となると、どういうわけか、メンバーの熱意をためすように、しばしば雨が降り、風が吹きました。にもかかわらず、せっせと通って来られる皆さんの熱意に打たれて、私も努力し、何とかこの本にまとめることが出来ました。世話役の森淳一、鈴木ヨネ子のお二人をはじめ、これまでに話を聞きに来て下さった人々に、深く感謝します。

また、装幀・イラストでこの本を飾って下さった南伸坊さん、そして、何かとお世話下さった編集担当の平賀孝男さんにも、心からお礼申し上げます。なお、『十牛図』については、承元寺所蔵のものを使いました。

この本は、わが子たちへの、いわば遺言でもあります。

近年、私も飛行機に乗る機会が多くなりました。自分の乗った飛行機が、目的の飛行場の滑走路に車輪を下ろし、無事に着陸すると、機内にほっと安堵のためいきがもれます。誰しも同じなのでしょう。事故の確率はわずかとは言え、やはり地上に無事に着くと、ほっとするものです。

そんな時、私はいつも、「よし、これでまた、翻訳の仕事が続けられるぞ」と思い、うれしくなるのです。それと同時に、今度こそ、万が一の時のために、遺言を残しておこうと考えるのです。いつもそう思いつつ果たしませんでしたが、これで、いくぶん気楽に飛行機にも乗れそうです。

私の庭には、大切にしている木が二本あります。一本は、長男の生まれた時から育てた実生のいちょうの木、もう一本は、長女と共にこの世に誕生したりんごの木です。

誠こそ君の行くみち「純いちょう」

思いやる心に育て「麻耶りんご」

一句に仕上がらぬまま紙切れに書きとめた、親としての願いです。もちろん、この本は、少しでも多くの人々の心にささやかな灯を点《とも》したいという願いで書いたものですが、実は、こんな思いを秘めた書でもあります。

交代で肩をたたいてくれた
　宗純と
　麻耶へ

一九八八年五月、承元寺のわが書斎にて

重松宗育

文庫版あとがき

ある日、一人のフランス人が私のもとに訪ねてきました。

空手や柔道をやっていて、禅や俳句など日本文化に関心をもっているということなので、日本人として嬉しく思い、禅の話題を中心にあれこれおしゃべりしました。

このような日本文化に興味をもつ外国人の訪問は、それまでに何度もありました。当然ながら、その関心の深さは様々で、禅の専門道場を紹介すべきレベルの人もいる一方、まるで「山のあなたの空遠く幸い住む」と考えているような、日本を訪問すればすべてが解決すると思い込んでいるような、単なる異国趣味に近いケースもありました。

このフランス人の訪問者の場合、すでに日本文化になじんでいましたが、それでも少し考えてもらうのがいいと判断して、私はこんなことを言いました。

「あなたはフランス人だから、もちろん『星の王子さま』を読んだと思いますが、あの本をしっかり読めば禅の心がいっぱいつまっていることに気がつきますよ。もしあなたが禅への関心をもっと深めようと思うなら、ぜひもう一度読むことをすすめます。

自らの立つ場所を深く掘れ。そうすればよい泉が湧くだろう。

こんな言葉があるけれど、あなたもこれまで自分を育んでくれたフランス文化の伝統を掘ってみたらいかが?」

これは一九七二年、私の二十代最後の年だったと思います。

かつて私が大学で担当したのはアメリカ文学ですが、いつも日本の文学や文化との比較という視点を中心におきました。それは自分の禅僧の立場を活かすためでもあり、結果的には賢明な選択でした。

ただこの比較研究には、とかく初心者が陥りがちな過ちがあります。

たとえば、アメリカ文学と日本文学の作品に似た表現や言葉を見つけると、学生諸君は、安易に同一視する傾向があります。研究者としては、そうした場合、その表面的な現象の背景を深く掘り下げて、どのようにしてそうした類似性が生まれたかを検討し、明らかにする努力が求められます。

とはいえ、一般人、それも宗教者にとっては、この初心者の過ちも一笑に付すわけにはゆきません。宗教が世界の平和、生きとし生けるものの幸せを願うものならば、たとえ表面的な類似であっても、そこに着目することが重要だと私は考えるからです。サン＝テグジュペリもまた、本質を知るには「しばし、人間一人一人のもつ相違を忘れる必要がある」（『人間の土地』）と言います。風土も、気候も、人種も、気質も異なる背景をもつアメリカと日本という二つの異なる文化の中から、どうしてこのように同じような言葉や表現が生まれるのか、この共通点を見つけたときの驚きと共感が、私にはきわめて貴重で重要なものに思えるのです。

こんなに遠く離れた土地の、全く異質な文化に住む人が、何と私と同じようなことを考えているではないか、という素朴な感動です。「あなたもそう考えるのですか！　そう感ずるのですか！」と手を取り合うところに、異文化交流の出発点があると、私は思うのです。違うものは違うと突っぱねるよりも、「ほんとに人間ていいもんだなあ」と人類が共有する人情の温かみに着目するのです。まずは相違点より共通点です。

ただし、そのためには、「あなたもそう考えるのですか」と言える自分がいなければ話になりません。つまり、自らを育んでくれた伝統や文化を、自覚的に学んだ自分がいることが前提の話です。私はそのフランス人に、こうした意味で『星の王子さま』の再読をすすめたのです。おそらくサン＝テグジュペリは禅の知識をもたなかったに違いないので、まさに私の趣旨に合っています。つまり、影響関係のない、全く異なる環境の中から、驚くほど類似した考え方が生まれたという事実です。

そして、そんなことを言った手前、自分で考えをまとめておくべきだという気になり、その結果が、一九八八年、フランス語圏の人々を意識して書いた『星の王子さま、禅を語る』となったという次第です。だから、もしこの本にサン＝テグジュペリの流儀で、献呈の辞を書くとすれば「私を訪ねてきたあるフランス人の若者へ」ということになるでしょう。

それでは、ドイツ語圏の人々にはどの作品がいいか。とにかく、より多くの人々になじみがあり親しまれている作品というのが条件です。イギリス人には、アメリカ人には、日本人には……と考えてゆくと、それぞれ思い当たる本がありました。

ドイツ語の作品は、迷うことなくすぐ決まりました。ミヒャエル・エンデの『モモ』です。これなら、フランスの『星の王子さま』とはだいぶ趣が違って、ドイツ人らしい童話作品で、思弁的であり、禅の思想に通ずるものを強く感じて、これを取り上げようという結論に至りました。

そして、私はミュンヘンにエンデを訪ね、あれこれお話しして、さすがエンデだ、この人の作品なら間違いないと確信をもちました。そして、エンデ本人の口から、直接、自分は禅の知識から大いに影響を受けたという言葉も聞きました。だから、サン＝テグジュペリの場合とは違って、エンデ作品には禅の知識が反映されています。そして、*Momo erzählt Zen* の出版となり、その原稿をもとにまとめたものが『モモも禅を語る』（一九九一年）です。ただこの拙著の場合、『モモ』が禅の影響を受けているという点と、ドイツ語版が基になった点が他の場合とは違っています。

さて次に、英語圏ですが、イギリス人のためには何がいいか。自分が専門に学んだ英文学なのでいくつか作品が頭に浮かびました。そして、最後まで残ったのはA・A・ミルンの『クマのプーさん』と、ルイス・キャロルの『不思議の国のアリス』でした。初めは『クマのプーさん』を選んで準備していましたが、途中で『不思議の国のアリス』に変更しました。その結果が、『アリス、禅を語る』

（一九九五年）となりました。このイギリス児童文学の二作品については、やはり世界には同じことを考える人がいるもので、私が英語版をまとめるより先に、それぞれを禅との関連で扱った英語の本が出ています。

次にアメリカ人向けですが、これまた専門分野のこと、あれこれ思案しました。『オズの魔法使い』もいいのですが、迷った末、ローラ・インガルスの大草原のローラ・シリーズがよかろうという結論に至り、『大草原のローラ、禅を語る』（未刊）をまとめました。その取材で作者の生誕地のウィスコンシン州・ペピンに滞在中に、ミヒャエル・エンデの死を知り、エンデにあてた献呈の辞を書くつもりでいた私は大変なショックを受けました。

これらの児童文学の作品には、どれもその文化伝統を踏まえた独自性があります。自分の属する文化の伝統を省みることによって、同時に、広く世界に目を見開くことの大切さを、私は強調したいのです。

こうして、欧米の人々に、自らの伝統文化の中に禅と共通の宝物を見つけてほしい、と願って啓蒙書を書いてきました。その結果、いわば禅紹介の「欧米旅行」になりました。フランス、ドイツ、イギリス、アメリカと回って、やっと日本へ戻ってきたわけです。

さて、同じ趣旨で日本だったら何を取り上げるか。実は、この楽しい迷いの結論は、『星の王子さま』に取りかかるより前に出していました。日本だったら童謡がいちばんふさわしいと。

私は自分の中心となる仕事として、アメリカ文学研究と同時に、『禅林句集』などの禅語を英訳し、*A Zen Forest: Sayings of the Masters*（一九八一年）を出版しました。『禅林句集』は、日本の禅宗（臨済宗）では必携の書ですが、私は、その禅語の豊かな文学性、現代性に酔いしれ、一閉鎖社会から世界への開放を試みたのです。

しかしながら、『禅林句集』は漢文ばかりで、漢文に縁遠くなった現代の私たちには、日本語による禅語、つまり「世語《せご》」が親しみやすいはずです。世間の語である世語は、和歌、俳句（発句）、都都逸など日本語の韻文が中心ですが、私は、この世語を英訳して、*A Zen Harvest : Japanese Folk Zen Sayings [Haiku,*

Dodoitsu, and Waka]（一九八八年）を出版しました。

世語などというと、『禅林句集』より何か軽い印象がありますが、私は別の感じ方をしています。日本人は、和語で表現された世語を、外国語である漢文の『禅林句集』と対等に、ある意味ではそれ以上に扱うべきだと私は思います。誰にとっても「ネイティヴ」の母国語こそ最も深い理解とコミュニケーションの手段だからです。

そう考えて、「禅の欧米旅行」を終えて日本に戻ったら、世語の結晶ともいうべき「童謡」を取り上げよう、というのが結論でした。そして、フランス人の『星の王子さま』、ドイツ人の『モモ』、イギリス人の『不思議の国のアリス』、アメリカ人の『大草原のローラ』に当たる、誰にも親しまれている日本独自のものとして、「童謡」を取り上げることにしたのです。

事実、みんなが力むことなく、気軽に口ずさむ童謡の中には、日本人の生き方への深い示唆がいっぱいあります。子供の歌となめてかかるのは大きな過ちだと思います。平易な日本語表現の中に奥深い真実があるからです。

このようなわけで、四半世紀以上前から時間をかけて書きあげた原稿がありますが、同じ要領で書名をつけるとすれば、「童謡も禅を語る」ということになります。

こうした「禅の欧米旅行」という私の試みの出発点になったのが、この『星の王子さま、禅を語る』です。

一九八八年、最初に『星の王子さま、禅を語る』が出てからすでに二十五年、この書の発想からは四十年がたち、時は二十世紀から二十一世紀に移り、世界の情勢も、日本の社会情勢も変わりました。

サン＝テグジュペリについては、二十世紀末に、本人が乗ったまま行方不明になった飛行機の残骸が発見され、二十一世紀初頭には、散乱していた残骸が回収されました。また、二〇〇五年に、日本での著作権の保護期間が満了して、『星の王子さま』の新訳が多数出版されました。

『星の王子さま』が最初にアメリカで出版されたのは、一九四三年のことで、その年に生まれた私は、いわば『星の王子さま』という作品とは「同じ年」ですが、その私の身辺にも相応の変化がありました。長く英米文学を教えた静岡大学を離れ、念願の医大（関西医科大学）で、六年近く、医学英語や心療内科の講義などを担当しました。医大での最大の収穫といえば、解剖実習に参加できたことです。

これは宗教家としての私にとってかけがえのない体験となり、身心一如《しんじんいちにょ》、そして「空《くう》」ということを改めて学べたのは、まさに願ってもないことでした。この間にも、年相応に見る目も深まり、かつて書いた内容に加筆も考えましたが、その時に全力を尽くした証として、必要以上の手を加えないことにしました。

さて、世界の禅はさらに様々な分野に浸透し、応用され、活用されるようになっています。欧米文学だけとっても、禅への関心は広がっているようです。もとをたどれば、一九五〇年代のほぼ十年間、鈴木大拙がニューヨーク・コロンビア大学などで禅の講義をし、様々な分野の人々が聴講したことが大きなきっかけで、それが後の、いわゆる「ゼン・ブーム」につながったわけです。

欧米で禅への関心が広まっていった初期に、禅に強い興味を抱いた作家として、オルダス・ハックスレー、J・D・サリンジャー、ジャック・ケルアック、W・B・イェイツなどがいます。そして、本文でしばしば触れたゲーリー・スナイダー、W・S・マーウィンのほか、ピーター・マシセンなど現存作家は、何人も名前を挙げられます。ドイツのミヒャエル・エンデ、そのほかの国にも、私の知らない作家たちがきっといるものと思います。

音楽では、ジョン・ケージが禅の影響を受けたことで有名だったし、彫刻では、イタリアに日本人の吾妻謙治郎がいます。このほか、本書で何度か触れた精神分析のエリッヒ・フロムがそうだったし、また、カウンセリング、セラピーなどの分野にも禅の影響は広まっています。スポーツも禅の精神の実践に適していて、とくに柔道、剣道、空手などの武道は関わりがあり、さらには、自然科学の分野にも禅の影響は見られます。最も有名な一人といえば、アップルのスティーブ・ジョブズでしょう。

このように、禅が世界に浸透してゆくのは、その懐の深さと多面的、実践的な応用が可能な点にあると思います。禅の悟りの世界が現実の生活の場にあって、私たちの日常生活の様々な場面に、ひょいと顔を見せてくれるのは有難いことです。決して専門道場の中だけではなく、身近な日々の生活の中で、また人生の様々な局面において、私たちに貴重な示唆を与えてくれることが、禅が世界各地で人々を惹きつけるのでしょう。

日本文化の伝統の一つである禅が、そうした人々の心の支えとなり、世界平和にさらに貢献することを願うとともに、その流れの中にあって、もし本書が「一隅を照らす」場を見つけられたら、著者として望外の幸せです。

「あとがき」で本書誕生のいきさつに触れましたが、その「本当の自分に出会う講座」は、現在、「禅の生きかた講座」と名前を変え、会場も承元寺本堂に移りました。毎月一回続けてきた結果、（月に二度開いた時期も含め）、今月で何と第三百三十六回目を迎えました。昨年十一月の第三百二十五回例会には、ゲーリー・スナイダーがゲスト出演して花を添えてくれました。

時と共に参加者の顔触れも変わりましたが、発足当時の初心を今も貫けるのは、間違いなく毎月、熱心に通ってきて下さる皆さんのお陰です。これまで講座の世話役をしてくださった方々に、そして現在の世話役、高橋芳子、中村三男の両氏に深く感謝いたします。

そして、この文庫版のために睛《ひとみ》を点じてくださった西村惠信先生をはじめ、小川宜裕氏ほかお世話になった方々に深謝いたします。

最後に。先ごろ遷化《せんげ》した父輝宗和尚の津送《しんそう》（禅僧の本葬）の翌日、この文庫版企画の連絡を受け、何とも不思議な因縁を感じました。今は「法界《ほっかい》に分身して」済度の行に忙しかろう先師輝宗和尚にこの書を捧げます。

二〇一二年十月　承元寺庫裏二階の書斎にて

重松宗育

解説

西村惠信

『星の王子さま、禅を語る』の著者重松宗育さんは、私と同じ臨済宗妙心寺派に僧籍を持つ禅僧で、彼がまだ京都大学の学生であった頃からの旧知である。

今から二十五年前、本書の初版本が筑摩書房から刊行されたとき、さっそく著者からインクの香りも高いハードカバーの新刊書を送ってもらった。

正直言ってその書題を見て、私はわが眼を疑ったものだ。彼が英米文学の研究者であることはよく承知していたから、彼にサン＝テグジュペリの名著『星の王子さま』についての論評があっても、それは少しも不思議ではない。

しかし、「星の王子様が禅を語る」となると、多くの読者がそうであったであろうように、禅思想研究の一端を担う私は、ちょっと待てよと一瞬訝ったものだ。

二十五年前というと私はまだ五十歳代前半で、その頃は自分の研究に専念することで精一杯であったから、ざっと一読してそのまま書架に納めてしまったように思う。

重松さんは、その頃まだ四十を出たところであった筈であるが、この度ちくま文庫に編入されるというので改めて熟読してみると、禅についての彼の理解が、その時は気付かなかった新鮮さに充ち、然も禅の本質から少しも外れていないことに、今更ながら驚かされたしだいである。

ふつう「禅」といえば、「不立文字、教外別伝、直指人心、見性成仏」と言われ、根源的で直接的な悟りの体験を、文字に托して説明することは不可能であるとされる。したがってこれを文字や言葉にすると、矛盾と逆説に充ちた表現となり、読者はアポリアに引き込まれるのが落ちであろう。いわゆる西田哲学における「絶対矛盾的自己同一」の類いで、一般人には取りつく島もあるまい。

それで中国や日本の禅僧たちは、自己の悟境を表現するに詩文を以てしたのである。それがやがて文学史において、禅の詩文学という独自のジャンルを形成していったことは、周知のところであろう。

ところで重松さんは、それまでのように欧米の文学を禅的に解釈するという方法ではなく、かえって禅とはまったく異質な文学作品そのもののなかに、巧まずしてなされている禅の語りを見いだされた点で、斬新ではないかと私は素人なりに解釈する。

英米文学に見られる禅的なエスプリについては、かつて岡山大学の安藤正瑛先生が、エマソンやホイットマンなど、アメリカ・ニューイングランドに起こった「超絶主義文学」のなかに禅的なスピリチュアリティを見いだされた。

安藤さんはまたヘミングウェイやサリンジャー、あるいはソール・ベローといった現代アメリカの作家の作品に見られる禅的要素をも視野に入れて、盛んにこれらをわが国に紹介された。これらはいずれも東洋的な味わいをもつ英米文学の紹介というものであったと思う。

これに対して重松さんの場合は、そのような過去あるいは現在のアメリカ文学に見られる、ナイーヴな自然への憧憬というよりはむしろ、もっと新しく我々の時代に、世界のグローバルな現象とともに浮上してきた欧米文学の反時代的なエスプリを、同時代に生きる一人の禅僧として自己化しようとしている様子が窺える。

実際、重松さんのこの傾向は、『星の王子さま、禅を語る』（一九八八）に続いて、同じ筑摩書房から公刊された『モモも禅を語る』（一九九一）や、『アリス、禅を語る』（一九九五）、の中で、次第に深められて行っているのである。

重松さんは、静岡の禅寺に生を享け、幼少期から禅僧としての厳しい雛僧教育をうけられた。にもかかわらず禅のカウンターカルチャーともいうべき英米文学の研究者となり、やがて静岡大学の教授として後進を指導された。

そういう回り道の中で、彼は逆に文学の方から、禅僧である自分の脚下に横たわる、現代における禅の深い意味に気付かされることになったのであるから、これはまた著者だけの不思議な回路の経験であったと言えよう。

さて、星の王子さまが「禅」を語ると言っても、東アジアの文化圏から程遠いフランスの地で語られる禅が、果たして東洋に伝えられてきた伝統の禅に一致するものかどうか、いささかの疑問は残るであろう。

いや、むしろ星の王子さまの語る禅は、東洋に伝えられた伝統的な禅仏教とは無関係であると言い切ってしまう方がいいのかも知れない。敢えて言えば、サン＝テグジュペリが『星の王子さま』においてぶつけた内容が、無作為のままに深い禅味を帯びていたというべきであろう。

しかしながら、まさにサン＝テグジュペリ自身のもつ文学者としての創作性こそ、禅的表現のあり方であり、したがってそれがおのずから禅を語る装いを見せたのであって、この作家のオリジナルな純粋さが、すでに禅そのものであったとさえ言えよう。禅の世界でそのようにストレートに自己の内容を示すことのできる禅者のことを、「作家の漢《さつけかん》」などと呼ぶが、作家という語の偶然の一致であろう。

そうなると私がサン＝テグジュペリを、現代に於ける真の作家と呼ぶことは必ずしも暴論とは言えないであろう。文字や言葉が、作家の心からダイレクトに迸《ほとばし》り出るとき、それが他の者の心を揺り動かすとすれば、これこそまさに禅における伝達そのものにほかならない。

もとよりわれわれは、いまここで無理にサン＝テグジュペリを禅的作家などと特定する必要はない。むしろ彼こそはわれわれの時代の余りにも非人間的な状況に対して、真の一個の人間として最もストレートに警告を発することのできた偉大な作家の一人ではなかっただろうか。

言うまでもなく彼は、いっさい伝統的な禅の言葉を用いていない。彼は自分の言葉で、さまよえる現代人に語りかけようとしただけである。そしてそれが重松宗育という一個の禅僧の琴線に触れたのである。そして彼はそれを、「禅の語り」と受け止めたのである。

いまからもう六十年も前、私は花園大学で恩師久松真一先生が、「禅学即今の課題」と題される講筵《こうえん》に列した。先生が、これからの禅学には素人の参加が必要である旨のことを力説されたことを、私は昨日のように思い出す。それは従来の禅学、即ち禅の学問的あり方が余りにも独善的であり、世間に対して閉鎖的であったことへの、先生なりの痛烈な批判であった。

じっさい二十一世紀に入って急速に拡大してきた世界のグローバル化は、世界の国々をボーダーレスにし、それまで大切に受け継がれてきたそれぞれの民族固有の伝統文化を、外圧によって崩壊させつつあると言われている。

こういう世界状況の中で、いわゆる禅というものもまた、旧弊な伝統的な枠を粉砕され、自由で独創的な人間の生き方へと本来化されつつあることは、洵《まこと》に欣《よろこ》ばしいことと思う。そういう意味からも、本書『星の王子さま、禅を語る』こそは、エポックメーキングな禅の一書と言えるのではないかと思う。

（花園大学名誉教授・〈公・財〉禅文化研究所長）

本書は一九八八年八月に、筑摩書房より刊行された。

君たちの生きる社会　伊東光晴

なぜ金持や貧乏人がいるのか。エネルギーや食糧問題をどう考えるか。複雑になった社会の仕組みや動きをもう一度捉えなおす必要がありそうだ。

新編 ぼくは12歳　岡真史

12歳で自ら命を断った少年は、死の直前まで詩を書き綴っていた。——新たに読者と両親との感動の往復書簡を収録した決定版。（高史明）

生きることの意味　高《コ》史《サ》明《ミョン》

さまざまな衝突の中で死を考えるようになった一朝鮮人少年。彼をささえた人間のやさしさを通して、生きることの意味を考える。（鶴見俊輔）

友だちは無駄である　佐野洋子

でもその無駄がいいのよ。つまらないことや無駄なことって、たくさんあればあるほど魅力なのよね。一味違った友情論。（亀和田武）

君の可能性　斎藤喜博

人間は誰でも無限の可能性を内に秘めている。どうしたらその可能性が開かれるのか。多くの事実によってその道筋を示す本。（佐藤学）

17歳のための読書案内　筑摩書房編集部編

十七歳の夏休みは古今東西の大長篇を読み耽るには絶好のチャンスだ！　博覧強記の四九人が若い世代に贈る名著の数々。刺激的で楽しい読書案内。

まちがったっていいじゃないか　森毅

人間、ニブイのも才能だ！　まちがったらやり直せばいい。少年のころを振り返り、若い読者に肩の力をぬかせてくれる人生論。（赤木かん子）

ジェイン・オースティンの言葉　中野康司

オースティンの長篇小説を全訳した著者が、作品中の含蓄ある名言を紹介する。オースティン・ファンもこれから読む人も満足する最高の読書案内。

タオ——老子　加島祥造

さりげない詩句で語られる宇宙の神秘と人間の生きるべき大道とは？　時空を超えて新たに甦る『老子道徳経』全81章の全訳創造詩。待望の文庫版！

快読シェイクスピア 増補版　河合隼雄　松岡和子

シェイクスピアの作品にまつわる不思議や疑問について、臨床心理学者と全集翻訳家が謎解きに挑戦。未収録の四作品を増補した初心者もマニアも必読の書。

星の王子さま　サン＝テグジュペリ　石井洋二郎訳

飛行士と不思議な男の子。きよらかな二つの魂の出会いと別れを描く名作――透明な悲しみが読むものの心にしみとおる、最高度に明快な新訳でおくる。

故事成語で中国を読む　多久弘一

和光同塵、余桃の罪……知っているようで知らない故事成語の成り立ちと本当の意味を、中国の歴史を貫く考え方に即してわかりやすく語る名講義。

三国志　きらめく群像　高島俊男

曹操、劉備をはじめ、彼らをめぐる勇士傑物、女性たちなど、あまたの人物像に沿って描く「三国志」（正史）の世界。現在望みうる最良の案内書。

水滸伝の世界　高島俊男

めっぽう強くてまっすぐな豪傑たち百八人のものがたり、水滸伝。この痛快無類な小説のおもしろさを存分につたえる絶好のガイドブック。

パブロ・カザルス　鳥の歌　ジュリアン・ウェッバー編　池田香代子訳

音楽性はもとより、人格の高潔さによっても世界のファンを魅了したカザルス。自身の言葉と同時代の人々の証言から伝説の音楽家の素顔が甦る。

名セリフ！　鴻上尚史

古今東西の名戯曲から選び抜いた31の名セリフ。作家と作品の解説から、作家に対する著者の思い、演劇に対する情熱が伝わる一冊。（恩田陸）

見えるものと観えないもの　横尾忠則

アートは異界への扉だ！　吉本ばなな、島田雅彦から黒澤明、淀川長治まで、現代を代表する十一人との、この世ならぬ超絶対談集。（和田誠）

芸術ウソつかない　横尾忠則対談集

横尾忠則が、表現の最先端を走る15人と、芸術の源泉、深淵について、語り合い、ときに聞き手となって尋ねる魂の会話集。（戌井昭人）

論語　桑原武夫

古くから日本人に親しまれてきた「論語」。著者は、自身との深いかかわりに触れながら、人生の指針としての「論語」を甦らせる。（河合隼雄）

禅　鈴木大拙　工藤澄子訳

禅とは何か。また禅の現代的意義とは？　世界的な関心の中で見なおされる禅について、その真諦を解き明かす。（秋月龍珉）

百人一首　鈴木日出男
王朝和歌の精髄、百人一首を第一人者が易しく解説。現代語訳、鑑賞、作者紹介、語句・技法を見開きにコンパクトにまとめた最良の入門書。

枕草子　大伴茫人編
古典を読みはじめたい、読みなおしたい、と思う読者のための古典入門書。ものづくし編と宮廷生活編の二部構成で、わかりやすい鑑賞付。

徒然草・方丈記　大伴茫人編
古典を読みはじめたい、読みなおしたいと思う読者のための古典入門書。各段とも現代語訳から入り、原文とていねいな語釈を付した。

新釈古事記　石川淳
本邦最初の文学『古事記』――その千古の文体と『狂風記』の作家との出会い。正確かつ奔放な訳業によって、今新しく蘇る！　(西郷信綱)

これで古典がよくわかる　橋本治
古典文学に親しめず、興味を持てない人たちは少なくない。どうすれば古典が「わかる」ようになるかを具体例を挙げ、教授する最良の入門書。

仏教百話　増谷文雄
仏教の根本精神を究めるには、ブッダに帰らねばならない。ブッダ生涯の言行を一話完結形式で、わかりやすく説いた入門書。

大人は愉しい　内田樹／鈴木晶
大学教授がメル友に。他者、映画、教育、家族――批判だけが議論じゃない。「中とって」大人の余裕で生産的に。深くて愉しい交換日記。

9条どうでしょう　内田樹／小田嶋隆／平川克美／町山智浩
「改憲論議」の閉塞状態を打ち破るには、「虎の尾を踏むのを恐れない」言葉の力が必要である。四人の書き手によるユニークな洞察が満載の憲法論！

熊を殺すと雨が降る　遠藤ケイ
山で生きるには、自然についての知識を磨き、己れの技量を謙虚に見極めねばならない。山村に暮らす人びとの生業、猟法、川漁を克明に描く。

よいこの君主論　架神恭介／辰巳一世
戦略論の古典的名著、マキャベリの『君主論』が、小学校のクラス制覇を題材に楽しく学べます。学校、職場、国家の覇権争いに最適のマニュアル。

禅語遊心　玄侑宗久

世間の常識は疑ってかかる。無邪気に心を解き放つ。禅の真骨頂を表すことばの数々を、季節の移ろいに寄り添いながら味わい尽くす。（江上剛）

レトリックと詭弁　香西秀信

「沈黙を強いる問い」「論点のすり替え」など、議論に仕掛けられた巧妙な罠に陥ることなく、詐術に打ち勝つ方法を伝授する。

紅一点論　斎藤美奈子

「男の中に女が一人」は、テレビやアニメで非常に見慣れた光景である。その「紅一点」の座を射止めたヒロイン像とは⁉（姫野カオルコ）

生き延びるためのラカン　斎藤環

幻想と現実が接近しているこの世界で、できるだけリアルに生き延びるためのラカン解説書にして精神分析入門書。カバー絵に荒木飛呂彦。（中島義道）

聞き書き　にっぽんの漁師　塩野米松

北海道から沖縄まで、漁師の生活を訪ねて歩いた珠玉の聞き書き。テクノロジーの導入で失われる伝統の技、資源の枯渇……漁業の現状と未来。

木の教え　塩野米松

かつて日本人は木と共に生き、木に学んだ教訓を受け継いできた。効率主義に囚われた現代にこそ生かしたい「木の教え」を紹介。（丹羽宇一郎）

手業に学べ　心　塩野米松

失われゆく手仕事の思想を体現する、伝統職人の聞き書き。「心」は斑鳩の里の宮大工、秋田のアケビ蔓細工師など17の職人が登場、仕事を語る。

手業に学べ　技　塩野米松

伝統職人たちの言葉を刻みつけた、渾身の聞き書き。「技」は岡山の船大工、福島の野鍛冶、東京の檜皮葺き職人など13の職人が自らの仕事を語る。

ぼくが真実を口にすると　吉本隆明88語　勢古浩爾

吉本隆明の著作や発言の中から、とくに心に突き刺さったフレーズ、人生の指針となった言葉を選び出し、それを手掛かりに彼の思想を探っていく。

ことばが劈《ひら》かれるとき　竹内敏晴

ことばとこえとからだと、それは自分と世界との境界線だ。幼時に耳を病んだ著者が、いかにことばを回復し、自分をとり戻したか。

「自分」を生きるための思想入門
竹田青嗣
なぜ「私」は生きづらいのか。「他人」や「社会」をどう考えたらいいのか。誰もがぶつかる問題を平易な言葉で哲学し、よく生きるための〝技術〟を説く。

生命をめぐる対話
多田富雄
生命の根源に迫る対談集[五木寛之／井上ひさし／日野啓三／橋岡久馬／白洲正子／田原総一朗／養老孟司／中村桂子／畑中正一／青木保／高安秀樹]

橋本治と内田樹
橋本治
内田樹
不毛で窮屈な議論をほぐし直し、「よきもの」に変える成熟した知性が、あらゆることを語りつくす。伝説の対談集ついに文庫化！（鶴澤寛也）

世界がわかる宗教社会学入門
橋爪大三郎
宗教なんてうさんくさい!? でも宗教は文化や価値観の骨格であり、それゆえ紛争のタネにもなる。世界宗教のエッセンスがわかる充実の入門書。

反社会学講座
パオロ・マッツァリーノ
恣意的なデータを使用し、権威的な発想で人に説教する困った学問「社会学」の暴走をエンターテイメントな議論で撃つ！　真の啓蒙は笑いから。

脳はなぜ「心」を作ったのか
前野隆司
「意識」とは何か。どこまでが「私」なのか。死んだら「心」はどうなるのか。――「意識」と「心」の謎に挑んだ話題の本の文庫化。（夢枕獏）

錯覚する脳
前野隆司
「意識のクオリア」も五感も、すべては脳が作り上げた錯覚だった！　ロボット工学者が科学的に明らかにする衝撃の結論を信じられますか。（武藤浩史）

増補 サブカルチャー神話解体
宮台真司／石原英樹／大塚明子
少女カルチャーや音楽、マンガ、AVなど各種メディアの歴史を辿り、若者の変化を浮き彫りにした前人未到のサブカル分析。（上野千鶴子）

語る禅僧
南直哉
自身の生き難さと対峙し、自身の思考を深め、今と切り結ぶ言葉を紡ぎだす。永平寺修行のなかから語られる「宗教」と「人間」とは。（宮崎哲弥）

異界を旅する能
安田登
「能」は、旅する「ワキ」と、幽霊や精霊である「シテ」の出会いから始まる。そして、リセットが鍵となる日本文化を解き明かす。（松岡正剛）

ちくま文庫

星《ほし》の王子《おうじ》さま、禅《ぜん》を語《かた》る

二〇一三年一月十日　第一刷発行

著者　重松宗育（しげまつ・そういく）
発行者　熊沢敏之
発行所　株式会社　筑摩書房
東京都台東区蔵前二―五―三　〒一一一―八七五五
振替〇〇一六〇―八―四一二三
装幀者　安野光雅
印刷所　三松堂印刷株式会社
製本所　三松堂印刷株式会社

乱丁・落丁本の場合は、左記宛にご送付下さい。
送料小社負担でお取り替えいたします。
ご注文・お問い合わせも左記へお願いします。
筑摩書房サービスセンター
埼玉県さいたま市北区櫛引町二―六〇四　〒三三一―八五〇七
電話番号　〇四八―六五一―〇〇五三

ISBN978-4-480-43017-5　C0115